Terrassen, Mauern, Wege und Zäune

BELLAVISTA

Peter-Michael Stange

Terrassen, Mauern, Wege und Zäune

Der praktische Ratgeber für alle Heimwerker

BELLAVISTA

www.karl-mueller-verlag.de

Redaktion, Satz und Layout: REDAKTION SELBERMACHEN, JAHRESZEITEN VERLAG GMBH, Hamburg
Projekt-Koordination: INTERPILL MEDIA GmbH, Hamburg

Druck und Bindung: Slovenská Grafia, a.s.
Printed in Slovakia

ISBN: 3-89893-713-5

Inhalt

Ideen und Anregungen für

Bei der Gestaltung von Wegen, Mauern, Zäunen und Plätzen im Garten sind der Kreativität kaum Grenzen gesetzt Verschiedene Materialien lassen sich miteinander verbinden und bieten Raum für individuelle Lösungen.

1

2

3

4

5

Betonsteine erhalten durch Form und Farbe der Oberfläche ein sehr natürliches Aussehen und lassen sich gut mit Natursteinen kombinieren (1, 2, 8). Durch das Zusammenspiel verschiedener Farben entstehen reizvolle grafische Muster (3, 5, 6). Die Führung des Weges um die

den Garten

6

7

8

9

Bäume herum gliedert das lange Grundstück (4). Zum Fachwerk des Hauses paßt der traditionelle Lattenzaun (7). Die Feldsteine der Gartenmauer bilden einen natürlichen Kontrast zum Weiß des Hauses (9). Eine Holzterrasse ist wohnlich und angenehm zu begehen (10).

10

Schaufenster – die Vielfalt

Vom Verbundstein für befahrbare Wege bis zum Mosaikstein für dekorativ gestaltete Flächen, Betonpflastersteine werden für jede Anwendung angeboten.

Die einfachste Form ist der Rechteckstein (1). Bei diagonaler Verlegung werden die Ränder mit dem Fischgrät-Randstein (2) gebildet. Wabensteine (3) haben durch ihre sechs Kanten eine gute Verbundwirkung. An den Rändern werden halbe Steine oder die Bischofsmütze (4) verlegt. Eine sehr gute Lösung für befahrene Wege und Auffahrten sind die Verbundsteine (5 + 6), die besonders gut ineinandergreifen.
Die schmalen Steine (7) haben ein Verlege-

der Betonpflastersteine

muster wie alter Pflasterklinker. Für Kreise und Rundungen gibt es den Classico-Stein (8) in verschiedenen Formaten. Traditionelle Formen greifen auch die abgerundeten Steine (9) auf. Die kleinformatigen Mosaiksteine (10) eignen sich besonders zur Auflockerung großer Flächen. Eine Besonderheit sind die Wasalit-Steine (11). Sie sind wasserdurchlässig und verbessern damit den Wasserhaushalt im Garten.

Variantenreich in Form und

Der Vorplatz dieses Fachwerkhauses wurde in der Art der traditionellen Pflasterung kreisförmig mit grauen Betonsteinen belegt. So paßt er sich der Architektur des alten Hauses an.

***Rechtecksteine** in Ziegelrot vermitteln mit dem Format nach alten Maßen 20 × 10 cm den Eindruck eines Klinkerpflasters.*

***Wabensteine** eignen sich in einer Stärke von 8 cm gut für Auffahrten. Die Schubkräfte werden durch die sechs Seiten besser verteilt.*

Farbe – Betonpflastersteine

Betonsteine sind widerstandsfähig und dauerhaft. Durch verschiedene Formen, Farben und Strukturen lassen sich Flächen und Wege vielseitig gestalten.

Beton ist ein natürliches Material. Wasser, Sand, Kies und Zement sind die Zutaten, aus denen heute die unterschiedlichsten Pflastersteine hergestellt werden. Neben den üblichen grauen Platten und Steinen für Straßen und Industriehöfe gibt es inzwischen Pflaster, mit denen Wege, Auffahrten und Plätze natürlich und dem Umfeld angepaßt gestaltet werden können. Neben verschiedenen Formen und Einfärbungen werden auch die Oberflächen unterschiedlich behandelt. Sie werden gestrahlt, geflammt, gekörnt und geschliffen und ergeben so jeweils ein vollkommen anderes Bild.
Die kleineren Pflastersteine lassen sich aufgrund des geringeren Gewichts leichter verlegen als große Betonplatten. Sie lassen sich fast ohne Zuschnitt den Formen der Flächen anpassen. Bögen und Kreise können mit den Pflastersteinen gelegt werden. Kombiniert mit großen Platten, mit Holz oder mit Naturstein, können reizvolle Muster entstehen.
Die Stärke der Betonsteine hängt vom jeweiligen Verwendungszweck ab. Für einen Gartenweg ist der 60 mm starke Stein richtig, für die Auffahrt wird ein mindestens 80 mm dicker Stein gebraucht, besser 100 mm. Je höher der Stein, desto belastbarer ist die Fläche. Auch das Verlegemuster ist nicht nur eine Frage der Optik. Auf einer Auffahrt sollten die Steine diagonal verlegt werden, um die Schubkräfte besser aufzufangen.

Palisaden zum Einfassen, Blockstufen und sieben verschiedene Maßsteine werden in diesem Programm angeboten.

Beton muß nicht grau sein. Mit den farbigen Betonsteinen können gepflasterte Flächen dem Stil der Bebauung angepaßt werden.

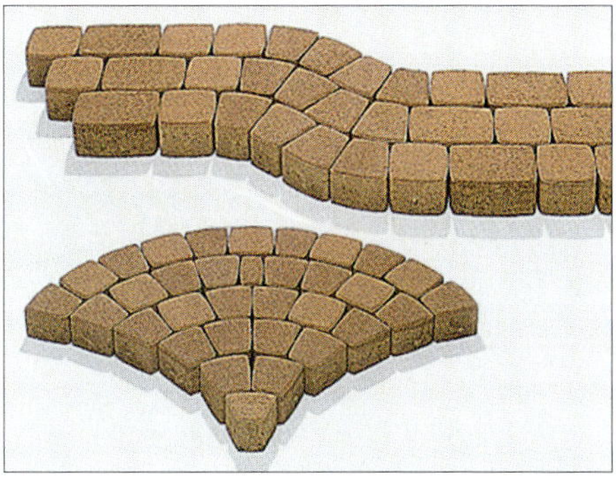

Kreissteine in zwei verschiedenen Größen und unterschiedliche Rechtecksteine ermöglichen das Verlegen von Kurven und Kreisen.

Gartenwege mit stabilen

Alte Gartenwege wurden häufig aus Mauersteinen angelegt. Das Muster betont hier die Kante.

Klinker werden auf dem Weg flach verlegt. Die hochstehend verlegten Steine an der Kante geben der Fläche mehr Halt. Die schrägstehend gesetzten Steine lockern die schnurgerade Seiteneinfassung auf.

Betonplatten mit einer Höhe von 20 cm, in einem Sandbett verlegt, geben der Kante ausreichend Stabilität. Auf dem Foto wurden breite Betonbordsteine als Wegbegrenzung eingesetzt, das ist sicherer bei befahrenen Wegen.

Kanten und sanften Kurven

Wege formen den Garten. Mit kleinformatigen Beton- oder Natursteinen lassen sich alle Formen legen, die Wegränder müssen dann aber befestigt werden.

Eine feste, gut verlegte Wegkante hält die Pflasterung zusammen. An den Rändern könnten die Steine bei Belastung sonst leicht abrutschen oder weggetreten werden. Die Kante soll aber nicht nur den Druckbelastungen standhalten, sie soll sich auch optisch in das Gesamtbild fügen. Es werden entsprechende Randbefestigungen aus dem gleichen Material gewählt oder Steine senkrecht gesetzt. Will man den Verlauf des Gartenwegs betonen, kann man mit einem vollkommen anderen Material, z. B. mit Holz- oder Betonpalisaden, einen reizvollen Kontrast setzen. Die Ränder des zukünftigen Gartenwegs werden abgestochen und die Fläche für das Sandbett ausgeschachtet. Da die Randbefestigung auch in einem Sandbett verlegt werden muß, wird links und rechts vom Weg ein Graben entsprechend der Höhe der Befestigungssteine bzw. Palisaden ausgehoben. Der Weg wird Reihe für Reihe mit Steinen belegt. Man beginnt mit einer Wegkante, belegt die Fläche und setzt die andere Wegkante. So entsteht eine belastbare Fläche, die auch schon vor dem Einschlämmen der Fugen mit feinem Sand betreten werden kann.
Die Höhe der Wegkanten ist eine Frage des eigenen Geschmacks. Es ist aber sehr praktisch, wenn im Anschluß an Rasenflächen die Kante mit der Oberfläche bündig abschließt. Bei Beeten wiederum verhindert eine hohe Kante, daß ein Regenguß Erde auf den Weg schwemmt.

Holzpalisaden fangen die Böschung höher gelegener Beete ab und können durch unterschiedliche Längen jeder Geländeform angepaßt werden. Zur anderen Seite wurde der Granitsteinweg mit größeren Steinen eingefaßt.

Betonpalisaden gibt es in verschiedenen Längen, Formaten und Farben. Für einige Betonpflasterprogramme werden diese Palisaden passend angeboten. Sei können aber auch als Kontrast zum Wegbelag eingesetzt werden.

Das Verlegen von Rundungen und Kurven

Granitpflaster *aus unterschiedlichen Steinen eignet sich gut zur Verlegung von Kurven. Zur MItte werden die kleinen Steine eingesetzt.*

Gehwegplatten *eignen sich schlecht für Kurven. Die durch die geraden Kanten entstehenden Spitzen werden mit Naturstein ausgefüllt.*

Elegant in die Kurve

Schnurgerade Gartenwege können sehr langweilig wirken, und manchmal muß der Gartenweg um einen Baum herumgeführt werden. Es ist allerdings nicht ganz einfach, Kurven zu pflastern.
Große Gehwegplatten und rechteckige Steine kann man zwar zuschneiden, einfacher ist es jedoch, aus der Not eine Tugend zu machen. Die in der Kurve entstehenden Keile werden mit kleinformatigen Natursteinen ausgefüllt und lockern so den Gartenweg auf.
Pflasterklinker verlegt man sternförmig. Die nach außen breiter werdenden Fugen werden mit Kies ausgefüllt oder begrünt. Granitpflaster, Natursteinbossen und -platten haben sehr unterschiedliche Abmessungen und erlauben eigentlich jede Flächenform, wenn man die Steine vorher sortiert. Will man den Wegverlauf betonen, werden für die Kante gleich große Steine ausgesucht und gleichmäßig verlegt. Die Formsteine und unterschiedlichen Steingrößen des Betonpflasters sind die ideale Lösung für kurvenreiche Wege.

Betonformsteine *für Kreise und Kurven gibt es in großer Auswahl. Vor dem Kauf sollte man eine genaue Skizze des Wegs zeichnen.*

Kurven *sind beim Verlegen mit Kreis- und Dreieckssteinen aus Beton kein Problem. Den Kantenabschluß bilden rechteckige Steine.*

selber machen
DIY
Probe Abo
6-mal SelberMachen
und die MAG-LITE
für nur 16,55 Euro
Sofort griffbereit!
Die MINI-MAG-LITE (8 cm) mit nützlicher Schlüsselanhänger-schlaufe erhalten Sie im stabilen Geschenketui. Batterie inklusive.
selber machen
DIY
selber machen
MEHR PLATZ
Tipps und Tricks für die Küche
Praktische Ablagen im Bad
Massive Bank
Schlicht und schön, in drei Stunden fertig!
Praxistest
KFZ-Anhänger von 600 bis 2300 Euro
Vorgarten
Der Weg zum Haus, perfekt geplant
LUST AUF FARBE
Plus 12 Seiten Praxis-Extra
für Wände, Böden, Möbel und Türen
Europas auflagenstärkstes Do-it-yourself-Magazin
Das praktische Do-it-yourself-Magazin liefert Ihnen jeden Monat neue Ideen rund um Wohnung, Haus und Garten.
Bestellen Sie über die Abo-Hotline (040) 87973540.

Natursteine im Garten:

Die Terrasse wurde mit gesägten Quarz-Porphyr-Platten in Rotbraun bis Grau belegt. Die unregelmäßige Farbverteilung belebt die Terrassenfläche.

Das bogenförmig verlegte Kleinpflaster aus unregelmäßigen, grauen Granitsteinen und die gleichmäßig verlegten Randsteine geben diesem Gartenweg Bewegung und Struktur.

Bruchsteine aus grauen Schieferplatten, gelbbraunen Sandsteinen, Quarzit, Gneis und rotbraunem Porphyr zeigen die Bandbreite.

Platten mit gesägten Kanten in verschiedenen Formaten werden aus 20 bis 40 cm breiten Bahnen geschnitten und weiterbearbeitet.

Für die natürliche Gestaltung von Gartenplätzen und -wegen bietet sich Naturstein in Plattenform und als Pflasterstein an.

Schon der Besuch beim Natursteinhändler, denn nur dort sollte man Naturstein kaufen, und das Aussuchen der Platten ist ein Erlebnis. Sie sind, obwohl in großen Mengen verfügbar, keine Massenware. Jeder Stein ist anders. Daran sollte man auch beim Verlegen denken und die Platten vorher sortieren.
Für Terrassen und Gartenwege sind Platten und Steine aus Granit, Quarzit, Porphyr, Schiefer und Sandstein geeignet. Sie sollten als Terrassenbelag mindestens eine Stärke von 3, besser 4 cm haben.
Die Oberfläche kann sehr unterschiedlich sein. Man unterscheidet geschliffene, geflammte, gesandstrahlte und gebrochene Oberflächen. Die gebrochenen Platten sind leicht uneben, geflammte und gesandstrahlte eben, aber rauh, während die geschliffenen sehr glatt sind und bei Nässe unangenehm rutschig werden können.

__Naturgespaltene__ Oberflächen erhalten die gewachsene Struktur des Steins. Sie wirken in der Fläche verlegt sehr natürlich.

__Die Bruchkanten__ des von der Natur gespaltenen Steins lassen die einzelnen Schichten und die Glimmereinlage gut erkennen.

__Buntsandstein__ und Solnhofener Platten, hier mit natürlich gebrochenen Kanten und Flächen, sind relativ weich.

__Pflastersteine__ gibt es aus Granit, Basalt, Porphyr und Marmor. Die nur wenig behauenen Steine nennt man Bossen.

Die Terrasse mit Achtecken

Die grauen, quadratischen Betonplatten haben ausgedient. Mit Betonpflastersteinen können Muster auf den Terrassenboden gezaubert werden.

Die Terrasse wird in der warmen Jahreszeit als zweites Wohnzimmer genutzt. Da ist der Wunsch nach einem ansprechenden Bodenlag nur zu verständlich. Gern hätte man bei der Neugestaltung einen Natursteinbelag gewählt. Leider waren die Kosten zu hoch. Außerdem ist das Verlegen der relativ maßhaltigen Betonformsteine für einen Selbermacher einfacher. Planungshilfen und Verlegetips kann man vom Hersteller der Steine bekommen. Diese enthalten auch Verlegemuster, und der errechnete Steinbedarf wird vorgeschlagen. Kombiniert man diese Muster mit den eigenen Ideen und setzt sie in die verfügbare Fläche um, ist man schon einen Schritt weiter. Die Hersteller nennen auch Musteranlagen. Dort kann man sich den ausgesuchten Stein in der Fläche ansehen.

Die Mühe des Verlegens hat sich gelohnt. Die Familie sitzt beim Nachmittagskaffee auf der neuen Terrasse.

Formsteine *aus Beton machen jedes Muster auf der Terrasse möglich. Enge Kreise werden mit diesen Dreieckssteinen gelegt.*

aus Betonformsteinen

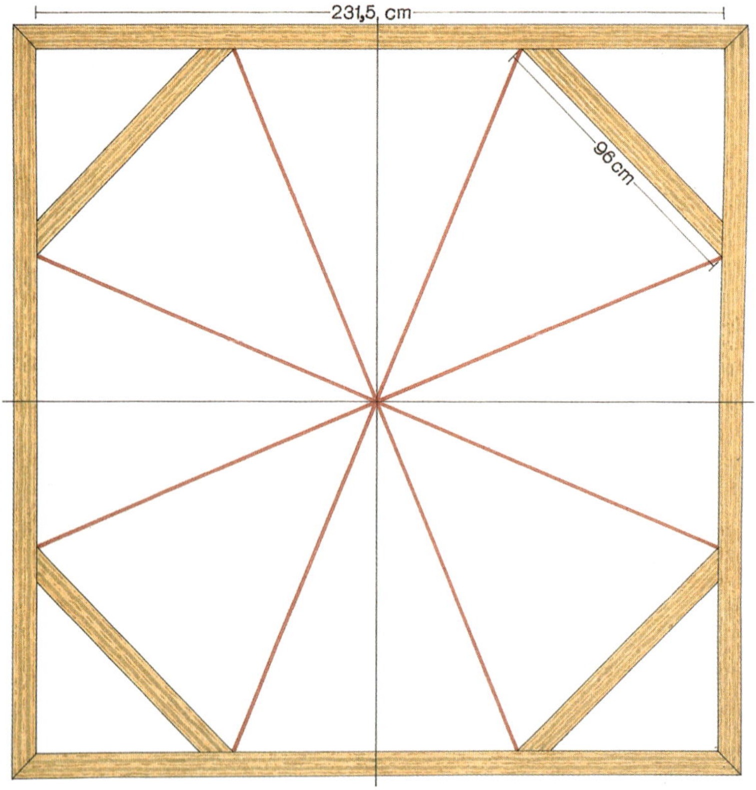

Nur wenn die Achtecke auch wirklich gleich groß ausfallen, paßt nachher alles zusammen. Diese aus Dachlatten zusammengesetzte Meßschablone ist eine große Hilfe. Mit der Spannschnur wird die Lage der einzelnen „Tortenstücke" festgelegt.

Eine wichtige Arbeit – die Vorbereitung des Sandbetts

Die Rüttelmaschine *ist unentbehrlich für die Vorbereitung der Verlegeflächen. Der Untergrund muß gut verdichtet werden.*

Die hier verwendeten Rialta-Steine werden lagenweise mit 5 Steingrößen gemischt geliefert. Die Keilsteine für die Achtecke und Rundungen werden einzeln bestellt. Der Bedarf muß bei der Planung berechnet werden. Vor dem Verlegen mischt man die Steine aus verschiedenen Lagen, um Farbabweichungen zu verteilen.
Wichtig ist die Vorbereitung des Terrassenuntergrundes. Ist diese Arbeit richtig ausgeführt, werden beim Verlegen die 8 cm hohen Steine nur noch aufgelegt. Fehler und unsorgfältige Arbeit lassen sich später nur sehr schwer ausgleichen. Pfützenbildung in tiefer liegenden Flächen, Stolper-

Der Verlegeplan besteht aus einer Kombination von Achtecken, Quadraten und Kreisen. Durch die beiden äußeren Achtecke wächst die Terrasse in den Gartenbereich. Nach Sonnenstand wird der Sitzplatz gewählt.

steine und wackelig stehende Tische und Stühle wären die Folge. Anders als bei den großformatigen Gehwegplatten, die leichte Unebenheiten des Untergrundes ausgleichen bzw. überbrücken, machen sich Fehler beim Verlegen der kleinen Pflastersteine sofort bemerkbar.
Die Arbeit beginnt mit dem Ausheben der Fläche und dem Einbringen des Sandbetts. War die Fläche vorher mit herkömmlichen 5 cm dicken Betonplatten ausgelegt, muß vom alten Sandbett eine Schicht abgehoben werden, um mit den neuen, wesentlich dickeren Pflastersteinen auf das gleiche Niveau zu kommen.

Wasserwaage und Spannschnur sind unentbehrlich beim Kontrollieren des Verlegeniveaus, das an jedem Punkt eingehalten wird.

Ein Sinkkasten wird eingebaut, wenn bei abschüssigem Gelände viel Oberflächenwasser abgeführt werden muß.

Die Schablone zeigt, daß alle Linien stimmen. Der Steinbedarf wird schon bei der Auswahl des Musters festgelegt.

Das Achteck wird von innen nach außen verlegt. Mit Hilfe der Schablone werden die Steine in das Muster eingepaßt.

Spannschnur und Wasserwaage

Für die Bettung der Steine wird Sand der Körnung 0,2 mm ausgebracht und unter ständiger Kontrolle mit Spannschnur und Wasserwaage eingeebnet. Die Dicke der Bettung richtet sich nach der Höhe der Steine. Für das hier gezeigte Pflaster ist eine Schicht von ca. 5 cm notwendig. Ein langes Brett hilft beim gleichmäßigen Abziehen der Fläche. Eine Auflage zum Abziehen macht die Arbeit noch leichter. Verdichtet wird die Bettung mit einer Rüttelmaschine, die man im Geräteverleih oder im Baumarkt mieten kann. Das Arbeiten mit Handwalzen oder Stampfern ist sehr mühsam, die Ausgabe für die Maschinenmiete lohnt sich auf jeden Fall. Auch bei dieser Arbeit wird ständig mit Spannschnur und Wasserwaage das Niveau kontrolliert.

Die Pflastersteine sind dann höhen-, winkel- und fluchtgerecht an der Spannschnur entlang zu verlegen. Der Fugenabstand sollte ca. 3 cm betragen. Niemals dürfen die Steine fugenlos (knirsch) verlegt werden, denn die Fuge wirkt wie eine elastische Abstützung zwischen den Steinen. Es können Kantenabplatzungen entstehen und Maßtoleranzen der Steine nicht ausgeglichen werden. Bei der kleinsten Belastung würden sich die Steine verschieben, und die Last könnte sich nicht auf die Tragschicht verteilen.

Mit Hilfe der Schablone werden zuerst die Achtecke verlegt. Wenn genau gearbeitet wird, passen die Quadrate und Dreiecke später genau in die freien Flächen. Da die Pflasterung ihre Festigkeit erst mit dem Ausfüllen der Fugen erhält, wird nach der Fertigstellung kleinerer Abschnitte bereits verfugt. Zum Verfugen wird Sand mit der gleichen Körnung wie die Bettung, in

aus feinem Sand verdichtet.

diesem Falle also 0,2 mm, zuerst trocken in die Fugen eingefegt. Wäre der Fugensand feiner als die Bettung, könnte die Fugenfüllung mit der Zeit in der Bettung verrieseln, die Fläche würde instabil werden.
Sind alle Flächen und die Randbefestigungen verlegt, wird mit dem eigentlichen Verfugen begonnen. Mit viel Wasser wird der Sand in die Ritzen eingeschlämmt. Nach dem Abtrocknen der Fläche kommt die Rüttelmaschine wieder zum Einsatz. Von den Rändern zur Mitte hin wird der Belag bis zur Standfestigkeit abgerüttelt. Höhenunterschiede können und dürfen nicht mit Gewalt durch Weiterrütteln ausgeglichen werden. Farbige Pflastersteine und Steine mit einer feingestrahlten oder wassergestrahlten Natursteinoberfläche müssen mit einer Rüttelplatte mit Kunststoffüberzug gerüttelt werden. Nach diesem abschließenden Rütteln und dem nochmaligen Einsanden der Fläche kann die erste Kaffeetafel auf der neuen Terrasse gedeckt werden.

Hilfe beim Schneiden

Die kleinen Betonpflastersteine lassen sich ohne Zuschnitt in der Fläche verlegen. Mit 5 Größen und den Keilsteinen können alle Formen gebildet werden. Wenn doch einmal an einer Problemstelle, z. B. am Regenfallrohr, geschnitten werden muß, wird man mit Hammer und Meißel nur ungenau arbeiten können. Ein Steinknacker, den man ebenso wie den Rüttler ausleihen kann, arbeitet sehr genau und ohne großen Kraftaufwand.

Die Quadrate *werden eingesetzt. Spätestens hier zeigt sich, ob genau gearbeitet wurde, denn nur dann passen die dunklen Steine.*

Die Fugen *werden mit feinem, gewaschenem Sand und viel Wasser eingeschlämmt. Dadurch wird die ganze Fläche stabil.*

Die Natursteine, *eingelegt in die unterbrochene Pflasterkante, bilden einen reizvollen Übergang zum Beetbereich.*

Ein natürlicher Baustoff für

Im leichten Bogen wird der Weg aus Pflasterklinker und Natursteinbossen um den Baum herumgeführt.

Pflasterklinker sind ein natürlicher Baustoff. Stück für Stück werden sie aus heimischem Ton geformt und anschließend bei hohen Temperaturen gebrannt.

Gartenwege und -plätze

Die Form der Klinkerfläche wird durch die Natursteinränder betont. ***(1)*** *Der graue Granit erhielt eine Einfassung aus dunklem Klinker.* ***(2)***

Sanft geschwungen ***(3)*** *oder grafisch streng* ***(4)*** *können Wege und Plätze mit Pflasterklinker belegt werden.*

Holz und Klinker – eine

In einem geschützten Winkel des Gartens entstand dieser sommerliche Sitzplatz.

gelungene Kombination

Mit den Feldbegrenzungen aus druckimprägnierten Pfostenhölzern nimmt der Terrassenboden das Raster der Sichtschutzzäune auf.

Früher ging der Blick vom Ende des Gartens auf einen Garagenhof. In dieser Ecke wurde mit Sichtschutzelementen ein zweiter Wohnraum für den Sommer geschaffen. Das Besondere an diesem Gartenplatz ist die gelungene Verbindung von Holz und rotem Pflasterklinker. Die Maße der senkrechten Zäune wurden auch für das Verlegemuster auf der Terrasse übernommen. So ergibt sich ein harmonisches Bild. Es entstand ein Platz mit Sicht- und Windschutz. Der kleine Unterstand für die Gartenmöbel kann auch zur Terrasse hin geöffnet werden. Das Element ist mit Torbändern befestigt. Beim Gartenfest wird es ausgehängt, und das kalte Buffet steht unter Dach und Fach.

Die Säule aus Pfostenhölzern wächst aus der Terrasse heraus und bildet mit der Bepflanzung eine optische Begrenzung.

Roter **Pflasterklinker** und imprägniertes

***Die Rüttelmaschine** ist ein unentbehrlicher Helfer bei der Vorbereitung und Verdichtung des Untergrundes. Wird hier sorgfältig gearbeitet, wird die Fläche auch wirklich eben.*

***Die Pfostenhölzer** werden nach dem Maß der Zaunelemente (1,80 m breit) zuerst gesetzt. Dann werden die waagerechten Feldbegrenzungen aus den gleichen Pfosten gelegt.*

***Das Sandbett** muß eben und waagerecht sein. Der lose Sand wird mit einem langen Brett abgezogen. Die Feldbegrenzungen wurden mit Spannschnur und Wasserwaage ausgerichtet.*

***Die Pflasterklinker** verlegt man von innen nach außen in die Felder. Das Muster aus hellen und dunklen Steinen wurde vorher zur Probe ausgelegt.*

Quadrate aus Klinker und Holz

Die Befestigung von Wegen und Plätzen im Garten mit Pflasterklinkern aus gebranntem Ton hat eine lange Tradition. Die dauerhafte Schönheit und Haltbarkeit hängt allerdings auch davon ab, wie sorgfältig und fachgerecht die Verlegung ausgeführt wurde. Pflasterklinker wird in einem Sandbett von 3 bis höchstens 5 cm im verdichteten Zustand verlegt. Das Gefälle sollte mindestens 2,5 cm auf 1 m Länge betragen. Werden die Steine flach verlegt wie in diesem Fall, wird mit einer Fugenbreite von 3 mm gearbeitet, die Fläche wirkt dann schön geschlossen. Der Fugensand läßt sich bei dieser Fugenbreite auch noch gut einarbeiten. Durch die ausgefüllten Fugen stützen sich die Steine gegenseitig elastisch ab. Ist das nicht der Fall, beginnen die Steine zu wackeln, die Fläche wird uneben, es bilden sich Stolpersteine. Die seitliche Abstützung der Pflasterfläche geschieht bei diesem Verlegemuster durch die druckimprägnierten Pfostenhölzer, die auf der ganzen Feldlänge Halt für die einzelnen Steine bieten.

Das Einschlämmen der Fugen ist eine wichtige Arbeit, die sorgfältig ausgeführt werden muß. Dadurch erhält die Fläche Stabilität. Mit einem harten Besen wird der Sand verteilt.

Pflasterklinker ist hart

Klinkersteine werden aus Ton geformt und bei über 1100°C gebrannt. Das macht sie hart und belastbar. Leider lassen sich die Klinker aus diesem Grund nur schwer bearbeiten. Bei diesem Verlegemuster mußten einige Steine zugeschnitten werden. Ein Winkelschleifer mit einer Trennscheibe für Stein leistet schon gute Arbeit. Besser ist eine Diamanttrennscheibe. Sie hat eine um das mehrfache höhere Haltbarkeit. Ihr Durchmesser verändert sich im Gegensatz zur Steintrennscheibe bei Abnutzung nicht. Man hat jederzeit die volle Schnitttiefe. Informationen über Pflasterklinker bekommt man bei der Arbeitsgemeinschaft Pflasterklinker e.V., Bonn, Telefon (02 28) 914 93 31.

Wohin mit dem Wasser?

Vor Beginn der Arbeiten muß auch die Entwässerung der Pflasterung bedacht werden. Klinkerpflaster zählt zwar zu den sickerfähigen Flächen, ein Teil des Regens läuft aber als Oberflächenwasser ab. Das kann man nicht einfach auf die Nachbargrundstücke laufen lassen. Maßnahmen zur Wasserableitung, z. B. Rinnen oder eine zusätzliche Drainage, sollten eingeplant werden.

Helle und dunkle Steine

Obwohl diese Flächen mit nur zwei Größen – halber und ganzer Stein – verlegt werden, entstehen durch die Kombination von hellen und dunklen Steinen und durch die gut sichtbaren Fugen interessante Muster. Bei einer Verlegung auf einer Gartenterrasse, die kaum größeren Druck- und Schubbelastungen ausgesetzt ist, kann jedes Muster gelegt werden. Soll die Fläche auch befahren werden, sei es auch nur mit dem Aufsitzmäher, muß eine größere Verbundwirkung erreicht werden, die Fugen dürfen also nicht durchlaufen wie bei einem linearen Muster. Schon eine Verlegung im halben Verband, bei der die Steine um die Hälfte der Seitenlänge versetzt verlegt werden, ergibt eine sehr gute Verbundwirkung. Bei Garagenauffahrten mit Steigung ist die Schubbelastung besonders groß. Hier empfiehlt sich eine Verlegung im Fischgrät- oder Diagonalverband zur Fahrtrichtung.

die Kombination heller und dunkler Steine.

Wie ein Flechtmuster wirkt der Mittelsteinverband aus vier kleinen Quadraten oben links. Oben rechts wird das Quadrat von einer linear verlegten Steinkante eingefaßt. Eine gute Verbundwirkung hat auch das auf dem unteren Foto gezeigte Verlegemuster.

Schaufenster Betonplatten

Heute werden Betonplatten mit den unterschiedlichsten Oberflächen und Strukturen angeboten. Sie sind vergleichsweise preiswert und einfach zu verlegen.

Mit ihrem großen, aber immer noch handlichen Format von 50 × 50 cm lassen sich die Betonplatten in Eigenregie einfach in einem Sandbett verlegen. Sie sind frostbeständig, ausgesprochen strapazierfähig und leicht zu reinigen. Durch die unterschiedlichen Farben und Strukturen, vom kleinen Format des Pflasters bis zur großen, geschliffenen Granitoberfläche, findet sich für jedes Haus die passende Terrasse. Mit den geschliffenen Oberflächen werden Betonplatten auch für den Innenbereich attraktiv, z. B. im Eingangsbereich oder im Wintergarten.

Blockverband-
Platte
Travertin-Struktur
Geschliffene
Pflastersteinplatten
Geschliffene Terrassenplatten
Dekoplatten, gewaschen und geschliffen
Geschliffene Terrassenplatten

Die Renovierung der

Eine Möglichkeit, der Terrasse ein neues Aussehen zu geben, ist die Kombination der alten Platten mit rotem Pflaster.

Terrasse mit neuem Muster

Der alte, unansehnlich gewordene Terrassenbelag aus Waschbetonplatten ist nach dieser Schönheitskur nicht wiederzuerkennen.

Alte **Waschbetonplatten** werden

***Das Sandbett** wird neu angelegt. Beim Verdichten der Fläche ist die Rüttelmaschine ein unentbehrlicher Helfer. So wird der Untergrund wirklich tragfähig für den neuen Belag.*

***Der Sand** wird mit einem stabilen Brett oder einem Richtscheit abgezogen, so daß eine vollkommen ebene Fläche mit einem leichten Gefälle vom Haus weg entsteht.*

Neues Sandbett für die Platten

Unansehnlich ist die Terrasse im Laufe der Jahre geworden. Die ehemals hellen Waschbetonplatten waren grau und verwittert. Schlimmer jedoch waren die Stolpersteine und wackeligen Platten. Tische und Stühle standen instabil. Da die meisten Platten aber noch intakt waren, sollten sie auch wieder Grundlage der neuen Terrasse sein. Um trotzdem ein anderes Bild zu bekommen, wurden die großformatigen Betonplatten mit roten Pflastersteinen kombiniert. Ein Schachbrettmuster mit roten Linien gliedert jetzt die große Fläche. Die Terrasse wurde auch neu geplant, denn durch die zusätzlichen Pflastersteine wird sie größer. Außerdem konnte bei dieser Radikalkur ihre Lage zum Haus und im Garten neu gestaltet werden.

Da die Versuche, einzelne Platten aufzunehmen und auszugleichen, nicht zu einer wirklich ebenen Fläche führten, wurden alle Platten hochgenommen und außerhalb der Terrassenfläche abgelegt. Um unnötige Schlepperei mit den schweren Platten zu vermeiden, sollte man vorher gut überlegen, wo die Platten gelagert werden. Bei dieser Arbeit ist ein Metallgriff, mit dem die Platten flach hochgenommen und senkrecht getragen werden können, eine praktische Tragehilfe. Man bekommt ihn im Baumarkt oder beim Steinlieferanten.

Das alte Sandbett war nicht richtig verdichtet, denn sonst hätten die Platten nicht absacken können. Die Pfützenbildung war darauf zurückzuführen, daß beim Verlegen das Gefälle nicht ausreichend war. Das Sandbett wird also ganz neu angelegt. Wo es notwendig ist, wird es aufgefüllt und mit einer Rüttelmaschine verdichtet.

Zuerst werden die gereinigten Platten in

gereinigt und neu verlegt.

das Sandbett gelegt, dazwischen wird Platz für die roten Pflastersteine gelassen. Ein Fugenabstand von 3 mm sowohl zu den Betonplatten als auch zwischen den Pflastern ist notwendig. Platten und Steine dürfen nicht im Kontakt verlegt werden. Wenn die etwas dickeren Betonsteine zwischen den ausgerichteten Platten verlegt und festgeklopft sind, werden die Fugen mit einem Sand verfüllt, der die gleiche Körnung wie der Sand des Betts hat. Nur so wird ein Verrieseln des Fugensandes verhindert. Die Randsteine am Ende der Terrasse sind besonders sorgfältig zu verlegen, denn anders als die großen Platten können sie am Übergang zum Garten leicht weggetreten werden.

Das Gefälle *sollte vom Haus zum Garten 3 % (3 cm auf 1 m) betragen. Mit einer langen Wasserwaage wird die Lage der Steine zueinander kontrolliert.*

Klares Wasser und hoher Druck

Die alten Waschbetonplatten mit ihrer stark strukturierten Oberfläche zu reinigen ist eine mühsame Arbeit. Mit Schrubber, Bürste und Gartenschlauch kommt man nicht weit. Sehr viel einfacher geht es mit einem Hochdruckreiniger. Für diese Geräte gibt es spezielle Dreckfräsen, mit denen selbst hartnäckige Verschmutzungen gelöst und abgewaschen werden können. Diese Reiniger muß man nicht kaufen, man kann sie im Maschinenverleih oder im Baumarkt mieten. Bevor man die Platten aufnimmt, sollte man auch gleich überlegen, wo sie am besten gereinigt werden können, wo also das Wasser am besten abfließen kann. So spart man sich unnötige Transporte mit den schweren Platten.

Die Mosaiksteine *sind 1 cm höher als die Betonplatten. In die Fugen gelegt und mit einem Fäustel mit Gummikappe in den Sand geklopft, schließen sie mit den Platten ab.*

Der Fäustel mit dem Gummikopf wird auch beim Ausrichten der großen Platten eingesetzt. Das Richtscheit wird in allen Richtungen zur Niveaukontrolle aufgelegt.

Eine Treppe aus Gehwegplatten

Der Fugensand wird mit einem harten Besen und Wasser in die Fugen eingeschlämmt und gibt der Verlegefläche Festigkeit gegen Druck- und Schubbelastungen. Die Fugen haben neben ihrer stabilisierenden Wirkung noch den Effekt, daß zumindest ein Teil des Regenwassers in die versiegelte Fläche einsickern kann. Das ist für den Wasserhaushalt des Gartens nicht ganz unwichtig.
Den Abschluß der Arbeiten bildet die Anlage der Treppe. Das Material ist das gleiche, und wenn man sich die Mühe macht, die roten Adern auch in der Treppe fortzusetzen, ergibt sich ein rundes Bild. Da die nur 6 × 6 cm großen Mosaiksteine auf jeden Fall mit Mörtel festgesetzt

Im Verband wurden hier die Waschbetonplatten verlegt. Die roten Adern aus den Betonpflastersteinen betonen das Verlegemuster und gliedern die große Fläche.

Felder, aus rotem Betonpflaster gelegt, sind eine Möglichkeit, die sich anbietet, wenn die Terrasse vergrößert werden soll oder Platten ausgetauscht werden müssen.

werden müssen, ist zu überlegen, ob auch die Setzstufen in ein Mörtelbett gesetzt werden. Sie haben den Druck der Trittstufen zu tragen. Ein schiefe, wackelige Treppe ist nicht nur unschön, sondern auch gefährlich.

Die Betonpflastersteine gibt es nicht nur in diesem roten Klinkerton und nicht nur in einer Größe (siehe Seite 8 – 9). Der Gestaltung der Terrasse mit unterschiedlichen Materialien sind also keine Grenzen gesetzt. Die hier gezeigten Verlegemuster gehen auf das Quadrat der Gehwegplatten zurück. Quadrate verhalten sich neutral zur Fläche. Verlegt man mehrere quadratische Platten zu Rechtecken, kann man die Tiefe oder Länge einer Fläche betonen.

Der Gartenschlauch wurde auf den Besenstiel montiert und ersetzt die dritte Hand. Mit der Gartendusche wird das Wasser zum Einschlämmen der Fugen versprüht.

Die Treppenstufen aus Gehwegplatten bilden den Abschluß der Terrasse. Die Setzstufen bestehen aus einer halben Platte, die Trittstufen aus einer ganzen.

Die Pflastersteine, die das Terrassenmuster in der Treppe fortsetzen, werden mit frostsicherem Mörtel festgesetzt, damit sie beim Begehen nicht weggetreten werden können.

Ein Zimmer im Grünen –
die helle Terrasse
zum weißen Haus

Die Terrakottatöpfe kommen durch den hellen Untergrund erst richtig zur Geltung.

Hohen Gehkomfort und eine großzügige, helle Terrasse bieten diese großen Betonplatten mit der gestrahlten Oberfläche.

Die alten Waschbetonplatten waren an einigen Stellen abgesackt, die Fläche im Laufe der Zeit grau und unansehnlich geworden. Da schon lange der Wunsch bestand, das sommerliche Wohnzimmer zu vergrößern und auch eine Treppe in den Garten anzulegen, entschloß man sich hier für einen neuen Belag, der ein einheitlich großzügiges Bild ergeben sollte.
Für die Terrasse haben die großformatigen Betonplatten den Vorteil, daß sie bei fachgerechter Verlegung eine planebene Fläche ergeben, auf der Tische und Stühle wackelfrei stehen können. Die gestrahlte Oberfläche, erhältlich in acht verschiedenen Farbtönen, ist geschlossen und glatt, läßt sich leicht reinigen, wird aber selbst bei Nässe nicht rutschig.

Durch das Verlegen von halben und ganzen Platten im Wechsel entstand dieser aufgelockerte Übergang zum Garten.

Der Plattengreifer hilft beim waagerechten Aufnehmen der alten Platten und beim bequemen senkrechten Transport.

Diese Werkzeuge zum Verlegen und Bearbeiten sollten immer bereitliegen. Wichtig ist die Schutzbrille beim Meißeln und Trennen.

In acht verschiedenen Farbtönen gibt es die gestrahlten Betonplatten.

Neue Terrasse im alten Bett

Ein wesentlicher Teil der Vorarbeiten war bei dieser Terrasse bereits getan, denn das Sandbett des alten Terrassenbodens hatte sich im Laufe der Jahre bewährt. Da einige Platten abgesackt waren und durch das Aufnehmen der alten Platten zwangsläufig Unebenheiten entstehen, muß es trotzdem ausgeglichen und abgezogen werden.
Mit dem Aufnehmen der alten Platten beginnt man am hinteren Ende, damit beim Abtransport das Sandbett nicht unnötig betreten und aufgewühlt wird. Es ist also vorher zu überlegen, wo die alten und die neuen Platten sinnvoll zu lagern sind. Das spart Arbeit und Transportwege. Die Fläche, die für die Erweiterung der Terrasse vorgesehen ist, wird 30 cm tief ausgehoben und mit Sand aufgefüllt, der dann verdichtet werden muß. Danach werden beide Flächen abgezogen und auf ein Niveau gebracht. Hier ist das Gefälle von mindestens 2 % (2 cm auf 1 m) vom Haus weg einzuhalten, damit das Wasser nach einem Regenguß nicht auf der Terrasse stehenbleibt, sondern nutzbringend in den Garten abläuft. Die am Rand der alten und am Ende der neuen Fläche aufgelegten Richtlatten sind sehr hilfreich beim Einhalten dieses Gefälles. Zum Abziehen ist eine lange Wasserwaage ideal, weil hiermit während der Arbeit laufend das Gefälle kontrolliert werden kann. Das Spannen einer Richtschnur ist beim Verlegen dieser großformatigen Platten nicht unbedingt erforderlich, erleichtert aber die ständige Kontrolle des Gefälles. Mit dem Verlegen beginnt man an der Hauswand und arbeitet sich auf den Platten stehend vor.
Das Sandbett sollte jetzt nicht mehr betreten werden.

Das Sandbett des alten Plattenbelages war fachgerecht ausgeführt. Trotzdem muß es neu eingeebnet und ausgeglichen werden.

Die Hände werden geschont, und es ist einfacher, wenn man zum Aufnehmen der alten Platten den Plattengreifer zu Hilfe nimmt.

Zur Verbreiterung der Terrasse werden die neue Fläche und das vorhandene Sandbett mit Richtlatten auf ein Niveau gebracht.

Die Wasserwaage in Überlänge erlaubt beim Abziehen eine ständige Kontrolle des leichten Gefälles (2 %) vom Hause weg.

Ein Leerrohr für den Gartenschlauch, der im Sommer ständig gebraucht wird, bekommt jetzt seinen Platz unter der neuen Terrasse.

Der Gartenschlauch kann im Winter aus dem Leerrohr herausgezogen und im Keller frostsicher aufgehoben werden.

Mit dem **Winkelschleifer** und dem

Der Wasseranschluß *liegt gut erreichbar auf der Terrasse, Gartenschlauch und Rasensprenger können angeschlossen werden.*

Die Hauswand *ist die Bezugslinie beim Beginn der Arbeit. Die abgezogene Sandfläche darf jetzt nicht mehr betreten werden.*

Ein Ausgleich *des Untergrundes wird vor dem Verlegen jeder Platte vorgenommen. Eine dünne Sandschicht wird mit der Kelle verteilt.*

Die Kante *der bereits liegenden Platte dient als Abstützung der nächsten. So liegen sie dann wirklich parallel zueinander.*

Beim Anritzen *der Platten dient eine Leiste oder eine Aluminiumschiene als Anlage. So wird der Schnitt genauer.*

Der Winkelschleifer *zum Trennen der Platten muß ausreichend Leistung haben und für 230-mm-Scheiben ausgelegt sein.*

Meißel werden die Platten zugeschnitten.

Anschnitte zum Schluß verlegen

Um eine harmonische Oberflächenwirkung zu erzielen, werden Platten aus verschiedenen Paletten gemischt. Die Platte wird von der Palette gehoben und nicht gezogen, um ein Zerkratzen der Oberfläche oder Abplatzen der Kanten zu vermeiden. Im ersten Arbeitsgang werden nur ganze Platten verlegt. Die Platte wird ausgelegt, mit feinem Sand ausgerichtet und mit einem Fäustel mit Nylonschonkopf festgeklopft. Ist so die Fläche mit ganzen Platten belegt, können die notwendigen Zuschnitte genau ausgemessen werden. Das Zuschneiden der Platten geht am besten und schnellsten mit einem Winkelschleifer mit großer Scheibe, den man meistens beim Steinlieferanten ausleihen kann. Sind nicht viele Zuschnitte nötig, trennt man die Platten mit Hammer und Meißel.
Ganz wichtig ist das Einschlämmen der fertigen Fläche, in diesem Falle unbedingt mit sauberem Quarzsand. Dadurch können sich die Platten gegeneinander abstützen und bilden einen festen Verband.

Heller Quarzsand für die Fugen

Das Material des Sandbetts eignet sich bei diesen hellen Platten nicht zum Verfugen. Der gelbe Sand hat einen Lehmanteil und würde beim Einschlämmen der Fugen Flecken hinterlassen, die nur sehr schwer oder gar nicht zu beseitigen wären. Heller Quarzsand in der gleichen Körnung wie das Sandbett ist das geeignete Material. Er hinterläßt beim Einarbeiten mit Wasser und Besen keine Spuren auf der Oberfläche.

Mit Hammer und Meißel wird entlang der angeritzten Linie eine Kerbe ausgearbeitet. Ist sie tief genug, teilt sich die Platte.

Treppenstufen passend zum Terrassenboden bietet der Hersteller der Platten an. So entsteht ein einheitliches Bild.

Der Lohn der Mühe ist eine helle, freundliche Terrasse, auf der die Terrakottakübel mit den Fuchsien erst richtig zur Geltung kommen.

Platten für Balkon und

Schnell und einfach entstand dieser neue Belag für den Balkon. Und die Platten sind problemlos wieder aufzunehmen.

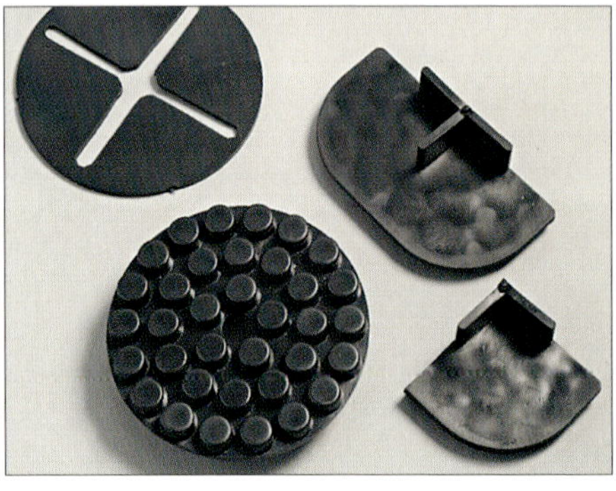

Randplatten, Eckenplatten und Lager für vier Ecken machen dieses Verlegesystem vielseitig. Zum Ausgleich gibt es dünne Zwischenlager.

Das System wird hier deutlich. Die drei Typen von Plattenlagern reichen aus, um Flächen mit rechteckigen Platten zu belegen.

Terrasse – trocken verlegt

Unkonventionell ist diese Art der Verlegung. Manchmal ist sie aber die einzige Möglichkeit, Balkon und Terrasse neu zu belegen.

Das Flachdach der angebauten Garage soll als Dachterrasse genutzt werden. Der Balkonbelag der Mietwohnung gefällt nicht mehr und soll erneuert werden. In diesen und vielen anderen Fällen zeigen sich die Vorteile dieses Verlegesystems. Der Untergrund muß nicht bearbeitet und verändert werden. Das Regenwasser kann unter den Platten abfließen. Da die Platten keinen festen Kontakt zum Untergrund haben, gibt es keine Probleme mit dem Frost. Und wenn der Auszug aus der Mietwohnung bevorsteht, werden die Platten einfach aufgenommen.

Feineinstellung

Mit diesen speziellen Plattenlagern kann nachträglich ausgerichtet werden. Mit dem Schraubendreher kann man jede Plattenecke einzeln millimetergenau leicht auf und ab bewegen, ohne die Platten aufzunehmen. Der Schraubendreher wird durch die Fugen gesteckt.

***Die Noppen** auf der Unterseite geben dem Plattenbelag Rutschsicherheit auf dem Untergrund. Trennstege sorgen für gleiche Fugen.*

***Ein Höhenausgleich** wird mit diesen Zwischenlagern erreicht. Sie können im ganzen oder als Segmente unterlegt werden.*

***Die Mittellinie** der Verlegefläche wird aufgezeichnet, von dort wird zu den Rändern hin verlegt. Anschnitte legt man zum Schluß.*

Schaufenster – Terrassen

So natürlich wie der ganze Gartenbereich ist der Belag der Holzterrassen aus Bodenhölzern oder vorgefertigten Holzrosten.

Als Belag für die Terrasse werden Kiefer, Lärche und Red Cedar in verschiedenen Formen angeboten. Kiefernholz sollte unbedingt druckimprägniert sein, um Wetterfestigkeit zu erreichen. Lärche und Cedar haben einen natürlichen Schutz gegen Fäulnis und können unbehandelt verlegt werden. Zeder verliert mit der Zeit die intensive Färbung und wird silbergrau. Beim Verlegen kann man sich viel Arbeit sparen, wenn man fertige Holzroste kauft, die, mit Bodenhölzern kombiniert, zu reizvollen Mustern gelegt werden können. Im stark abgeschatteten Bereich können sich Algen auf dem Belag bilden, die Terrasse wird rutschig. Einmal im Jahr ist dann eine gründliche Reinigung nötig.

Holzroste aus Kiefer, kombiniert mit durchlaufenden Bodenhölzern, gliedern die große Fläche dieser Terrasse.

aus Bodenhölzern

Klinker – ein natürlicher

Die einfache Verarbeitung und das natürliche Aussehen des Holzes sind Vorteile, die auch auf der Terrasse zur Geltung kommen.

Der Sommer ist immer besser, als uns die Meteorologen weismachen wollen. Wenn man einen gemütlichen Terrassenplatz hat, auf dem immer alles bereitsteht, wird man mehr Zeit im Freien verbringen. Hier laden die wetterfesten Teakmöbel und die Holzterrasse zum Pausenkaffee ein, wann immer die Temperaturen es zulassen. Das ist öfter, als man vorher dachte.
Die Kiefernbodenhölzer werden druckimprägniert geliefert, sie sind also ausreichend gegen Fäulnis geschützt und brauchen keine weitere Behandlung. Damit die Terrasse aber wirklich über Jahre Freude macht, muß die Unterkonstruktion stimmen. Keinesfalls darf der Belag direkt auf den Boden oder in ein Sandbett verlegt werden. Das Holz wäre immer feucht und würde trotz Imprägnierung schnell faulen. Bei dieser Terrasse wurden die Lagerhölzer auf einem Fundament aus einfachen Betonplatten verlegt.

Ein natürlicher Materialmix: Bodenhölzer im Schiffsbodenverband und roter Klinker.

Rahmen der Holzterrasse

Die Terrasse wurde mit dem gleichen Stein eingefaßt, mit dem das Haus verklinkert wurde.

Der Verlegesand muß gründlich verdichtet werden, damit der Unterbau nicht absacken kann. Den Rüttler, der diese Arbeit am besten erledigt, kann man ausleihen.

Ein stabiler, ebener Unterbau

Im Grunde genommen müssen zwei Terrassen verlegt werden. Zuerst wird die Fläche mit einfachen, preiswerten Betonplatten belegt. Diese Fläche wird zwar später durch die Bodenhölzer verdeckt, aber es muß trotzdem sorgfältig verlegt werden. Der gesamte Bereich wird abgedeckt. Ausgespart werden nur die Blumenbeete am Haus, die später mit Randsteinen befestigt werden. Genau wie bei einer Steinterrasse wird die Fläche sorgfältig eingeschlämmt, denn nur so wird der Unterbau stabil. Das durch die Fugen der Bodenhölzer eindringende Regenwasser könnte auf Dauer zu Unterspülungen führen. Die Plattenfläche wird mit einem 2%igen Gefälle vom Haus angelegt. Um

Die Betonplatten des Unterbaus müssen an den Ecken diagonal geteilt werden. Hier laufen die Ecken schräg zu. Mit einem Schnitt erhält man zwei Eckenplatten.

Die Randklinker werden mit Fertigmörtel auf den Plattenunterbau gemauert. Da sie mit der Holzterrasse bündig abschließen sollen, werden Höhe und Gefälle ständig gemessen.

sicherzugehen, kann man am Rand halbe Platten hochkant verlegen.
Erst wenn der Unterbau stabil und eben liegt, werden die Randklinker aufgemauert. Mit Fertigmörtel, der nur mit Wasser angemacht wird, geht diese Arbeit schnell von der Hand. Die Steine werden nicht verfugt, die Fugen sogar bis auf den Plattengrund ausgekratzt, damit das Regenwasser durch diese Fugen in den Garten ablaufen kann. Es würde sich sonst Staunässe unter der Terrasse bilden. Als erstes verlegt man die geraden Strecken, die abgeschrägten Ecken der Terrasse werden zum Schluß eingepaßt. Um Stolperstellen zu vermeiden, müssen Randsteine und Holzbelag eine Höhe haben.

Zum Zuschneiden der sehr harten Klinkersteine sollte man sich eine Steinsäge ausleihen. Die Diamantscheibe schneidet exakt im rechten Winkel und arbeitet schneller.

Die Eckschrägen werden aus jeweils fünf vollen und vier spitz zugeschnittenen Steinen gebildet. Vor dem Aufmauern werden die Ecken zur Probe ausgelegt, um messen zu können.

Die Lagerhölzer, auf denen später die Bodenhölzer verschraubt werden, liegen lose direkt auf den Betonplatten. Sie werden mit einer Stichsäge auf Länge geschnitten.

Die Abstände der parallel zueinander liegenden Lagerhölzer betragen 60 cm. So können die Bodenhölzer beim Begehen nicht schwingen und durchbiegen.

Eine Kappsäge arbeitet genau und schnell, wenn es darauf ankommt, die Bodenhölzer auf die richtige Länge zuzuschneiden. Der Schnitt wird sauber und rechtwinklig.

Mit Stich- und Kappsäge

Jetzt werden die Lagerhölzer, druckimprägnierte, 4 × 6 cm starke Dachlatten, auf Länge geschnitten und im Abstand von ca. 60 cm lose ausgelegt. Die Bodenhölzer sind 2 cm stark, zusammen mit den Lagerhölzern ergibt das die Höhe der Klinkersteine von 6 cm. Die Bodenhölzer müssen unbedingt verschraubt werden, Nägel würden sich durch die Schwingungen beim Begehen der Terrasse herausarbeiten. Da die Bodenhölzer im Schiffsbodenverband verlegt werden, d. h. um die Hälfte der Länge versetzt, und die Stirnseiten zusammenstoßen, ist ein exakt rechtwinkliger Zuschnitt notwendig. Die Schnittkanten erhalten einen Feinschliff mit dem Bandschleifer.

Zum Verschrauben kommen Spaxschrauben mit Kreuzschlitzkopf der Größe 4,5 × 50 mm in Frage. Ein Schraubtiefenanschlag am Gerät ist sehr hilfreich. Alle Schrauben sind dann gleich tief eingeschraubt. Eine richtige Drehmomenteinstellung erfüllt den gleichen Zweck. Am Ende der Bodenhölzer, wo zwei Bretter zusammenstoßen, wird sehr nah am Rand geschraubt. Damit das Holz nicht aufplatzt, wird hier das Bodenholz in Schraubenstärke vorgebohrt. Deutlich wird an diesem Punkt auch, daß die Lagerhölzer keinesfalls schmaler als 6 cm sein sollten, sonst könnten hier nicht zwei Bodenhölzer befestigt werden. Die Oberfläche der Bodenhölzer für Terrassen ist leicht geriffelt, darauf sollte man beim Kauf unbedingt achten. Holzterrassen können bei Nässe und durch Algenbildung im Pflanzenbereich glatt werden. Nur durch die Riffelung hat man einen sicheren Tritt.

Jetzt müssen nur noch die Beete bepflanzt werden, und der Sommer kann kommen.

die Boden- auf die Lagerhölzer geschraubt.

Sonderwünsche sollten vorher eingeplant werden

Unter diesem kleinen Blumenbeet, das wesentlich zum Reiz der Anlage beiträgt, dürfen z. B. keine Betonplatten liegen. Bei größeren Terrassen können kleine Beete zur Auflockerung wie Inseln in der Verlegefläche angelegt werden. Diese Flächen werden bereits bei der Planung ausgespart. Vom Wasseranschluß, der meistens direkt am Haus liegt, kann der Gartenschlauch in einem entsprechenden Leerrohr unter der Terrasse in den Garten verlegt und dort mit dem Bewässerungssystem verbunden werden. Das Elektrokabel für die Gartenbeleuchtung oder den Elektrogrill muß im Sommer auch nicht störend auf der Terrasse liegen, sondern kann unter der hölzernen Verlegefläche verlaufen. Zwei, drei Punkte auf der Terrasse, in der der Stab des Sonnenschirms ohne störenden Fuß Halt findet, können im Hochsommer sehr angenehm sein.

Die Schnittkanten *der Bodenhölzer müssen absolut splitterfrei sein, damit die Terrasse auch barfuß betreten werden kann. Zum Kantenschleifen eignet sich ein Bandschleifer.*

Distanzklötzchen *sorgen für immer gleiche Fugen zwischen den Bodenhölzern. Ca. 5 mm sollte die Fugenbreite betragen, damit das Holz arbeiten kann.*

Wie ein Sonnendeck:

Nach drei Tagen kann der Kaffee auf der fertigen Terrasse serviert werden.

Holzterrasse auf Balken

Etwas Maritimes hat dieses Holzdeck mit dem Geländer aus Schiffstauen. Das ist kein Wunder, denn der Hausherr ist Segler.

Hoch im Norden an der See liegt dieses Haus. Die Terrasse muß also Regen, Schnee und Sturm vertragen können. Eine Gewähr für die Langlebigkeit dieser Hölzer auch bei ungünstigen Witterungseinflüssen gibt die Druckimprägnierung. Das Holzprogramm (OSMO-Gard) wurde speziell für den Bau von Terrassen, Gartenwegen und Pergolen entwickelt.
Wie aus einem Baukasten können die einzelnen Bauteile aus dem Sortiment der Hersteller ausgesucht werden. Berücksichtigt man bereits beim Entwurf die lieferbaren Abmessungen, hat man beim Bau weniger Verschnitt und spart Geld. Die Beschläge und Schrauben zum Zusammenfügen der Bauteile findet man auch beim Holzhändler, natürlich wetterfest verzinkt.

Dieser windgeschützte, sonnige Winkel bot sich zur Anlage eines sommerlichen Freisitzes geradezu an.

Mit einem **Handbagger** werden die

Die Kiesfläche *wird per Hand von Unkraut befreit und mit Unkraut-Ex abgegossen, um Wildwuchs unter der Terrasse zu vermeiden.*

Die Pfostenanker *sind verzinkt. Ein Lagerbalken wird von sechs gleichmäßig über die Gesamtlänge verteilten Ankern getragen.*

Die Lagerhölzer *legt man mit 20 cm Abstand von der Grundmauer parallel zueinander aus. Die Lage der Anker wird markiert.*

Der Doppelspaten *ist das ideale Werkzeug, um die 30 cm runden und 60 cm tiefen Löcher für die Betonsockel auszuheben.*

Die Betonmischung *besteht aus Zement und Kies im Verhältnis 1:3 und wird mit der Schaufel in der Karre angemischt.*

Durch Stampfen *mit einem Pfosten wird die erdfeuchte Mischung in den ausgehobenen Löchern gut verdichtet.*

Zwei Lagen Kantholz

Auch wenn die Kiesfläche nicht der eigentliche Untergrund für die Bodenhölzer ist, muß sie eingeebnet und gut verdichtet sein. Das erleichtert die Arbeit beim Ausrichten der Lagerhölzer, die später die ganze Konstruktion tragen. Wird hier mit der Wasserwaage ausgerichtet und das leichte Gefälle eingeplant, müssen die nächsten Lagen nur noch aufgelegt werden. Da die Terrasse eine Länge von 6 m hat und der längste Pfosten nur 3 m mißt, müssen zwei Pfosten verbunden werden. Das geschieht mit verzinkten Nagelblechen und dazu passenden Ankernägeln. Vier Nagelbleche braucht man für ein Lagerholz. Fest verbunden mit den Pfostenankern werden die Balken durch vier verzinkte Spaxschrauben.
Statt fertige Betonsockel für die Pfostenanker zu setzen, wurden hier Löcher in den Untergrund gegraben und mit selbstangemischtem Beton ausgefüllt. Das Ausrichten der drei jeweils 6 m langen Lagerhölzer mit Brettern und Keilen braucht Zeit. Sind die Lagerhölzer ausgerichtet und hat der Beton für die Pfostenanker nach zwei Tagen abgebunden, können die Querbalken aufgelegt werden. Da in diesem Fall 28 mm dicke Bodenhölzer den Terrassenbelag bilden, können die Abstände zwischen den Querhölzern 75 cm betragen, ohne daß der Boden beim Begehen durchbiegt oder schwingt. Verbunden werden die beiden Balkenlagen mit Schlüsselschrauben. Vor dem Durchbohren der Querbalken wird mit einem 30-mm Forstnerbohrer angesenkt, damit die Köpfe der Schlüsselschrauben nicht überstehen. Mit der Knarre oder einer Elektronikbohrmaschine zieht man die Schlüsselschrauben an. Die Unterkonstruktion ist fertig.

Die Anker der Balken sind in die mit Beton gefüllten Löcher abgesenkt. Die Balken werden ausgerichtet und mit Keilen fixiert.

Die Querbalken haben die gleichen Abmessungen wie die Sockelbalken. Sie liegen im Abstand von 75 cm parallel zueinander.

Eine Knarre erleichtert das Anziehen der 15 cm langen Schlüsselschrauben, die eine feste Verbindung zwischen den Balken herstellen.

Zwei **Balkenlagen** sind die Grundlage

Die Bodenhölzer werden mit Spaxschrauben von 5 x 60 mm auf den Tragbalken festgeschraubt. 5 mm beträgt der Fugenabstand.

Ein Hilfsklotz, am Querbalken mit einer Zwinge fixiert, stützt den Keil zum Ausrichten der Bodenhölzer ab.

Zwei Schrauben je Befestigungspunkt sind ausreichend, um die Bodenhölzer auf den Balken zu befestigen.

Besonders starke Bodenhölzer

Bodenhölzer sind nicht immer gerade. Um trotzdem einen immer gleichen Fugenabstand von 5 mm zu erreichen, wird mit einer Schraubzwinge am Querbalken eine kleine Hilfskonstruktion angebracht. Sie besteht aus einem Brett, einem Keil und einer Abstandsleiste. Damit werden die Bodenhölzer ausgerichtet und fixiert, bevor sie mit jeweils zwei Spaxschrauben je Befestigungspunkt endgültig verschraubt werden. Damit die Schrauben die Bodenhölzer nicht aufspalten, sollten sie zumindest an den Endpunkten vorgebohrt werden. Auch die Bodenhölzer bekommt man nicht in Längen von 6 m. Sie werden im Schiffsbodenverband verlegt, d. h. nicht mit einer durchgehenden Naht, sondern versetzt zueinander. Die Lasten verteilen sich so besser. Man soll gar nicht erst versuchen, alle Bodenbretter auf Maß genau zuzuschneiden. Grob zuschneiden, an der Kante überstehen lassen und dann entlang einer Anschlagleiste mit der Handkreissäge einen Schnitt machen führt zum besten Ergebnis. Nur an den Stößen ist ein exakt rechtwinkliger Schnitt nötig. Korrekturen sind hier nicht möglich. Den Abschluß bildet das Geländer, in diesem Fall die Reling. Die dafür verwendeten Hölzer sind eigentlich Pergola-Sattelbalken aus dem OSMO-Gard-Gartenholzprogramm. Bevor das letzte Bodenbrett aufgelegt wird, schraubt man die vorbereiteten Pfosten an den Querbalken fest. Wo das nicht möglich ist, wird mit verzinkten Winkelblechen die notwendige Stabilität erreicht. Die Ausklinkungen für das letzte Bodenbrett sind dann am einfachsten anzuzeichnen. Das Seil wird durchgezogen und mit jeweils einer Schraube pro Pfosten fixiert.

dieser stabilen Holzterrasse.

Die Handkreissäge, *geführt an einer Leiste, ist das richtige Werkzeug für einen geraden Abschluß am Ende der Verlegefläche.*

Die Geländerpfosten *müssen stabil sein. Die Verbindung zu den Querbalken wird mit 120 mm langen Schrauben hergestellt.*

Die Werkzeugkiste des Holzterrassenbauers

Der Doppelspaten erleichtert das Ausheben der Fundamentlöcher erheblich. Die Balken werden mit einer Bügelsäge auf Länge geschnitten. Das Ausklinken des Bodenholzes für die Pfosten gelingt am besten mit einer Stichsäge. Pfosten und Bodenhölzer werden mit der Handkreissäge zugeschnitten. Zwei große Schraubzwingen sind ständig im Einsatz, um Balken und Bodenhölzer vor dem Verschrauben zu fixieren. Mit einem Satz Holzbohrer (3 bis 10 mm) und zwei Forstnerbohrern (30 und 35 mm) ist man für alle Bohrungen gut gerüstet. Von Hand schrauben ist mühsam und langwierig, besser geht es mit einer Bohrmaschine, möglichst mit einem Schraubtiefenanschlag. Zum Einziehen der langen Schlüsselschrauben ist die Knarre unentbehrlich. Ohne Wasserwaage können die Balken nicht ausgerichtet werden, ein gerades Bodenholz dient als Richtscheit. Zum Ausrichten werden die Lagerbalken mit Keilen, kurzen Brettabschnitten und Klötzen unterfüttert.

Schiffstaue *passen gut als Geländer zu diesem Sonnendeck. Saubere, ausrißfreie Bohrlöcher erhält man mit einem 35-mm-Forstnerbohrer.*

Zum Schluß *verlegt man das letzte Bodenholz. Die Aussparungen geben den freistehenden Geländerpfosten zusätzlichen Halt.*

Steintreppe im Garten –

Beton und heller Granit

Eine Treppe aus Blocksteinen führt in den Garten. Den Abschluß bilden zwei Terrassenplatten mit der gleichen Oberfläche.

Die gleiche Oberfläche wie die Terrassenplatten haben die Blocksteine der Treppenstufen, die in den Garten führen.

Aus Waschbetonplatten war seinerzeit die Treppe gelegt, die in den Garten führt. Im Laufe der Jahre sind sie grau und dunkel geworden. Außerdem waren einige Steine nicht mehr trittsicher verlegt. Als nun die Terrasse endlich neu gestaltet wurde, dachte man auch gleich an die Erneuerung der Treppenstufen. Es lag auf der Hand, ein Steinprogramm auszusuchen, in dem auch entsprechende Treppenelemente angeboten wurden.
Sowohl die Betonplatten für die Terrasse als auch die Treppenstufen haben eine Vorsatzschicht aus Naturstein-Edelsplitten, die besonders strapazierfähig und schmutzunempfindlich sind. Durch das Feinstrahlen werden diese einzelnen Natursteinkörper freigelegt. Auf diese Weise kommt die Schönheit der hellen Oberfläche voll zur Geltung. Die etwas rauhe Oberfläche hat zudem einen rutschhemmenden Effekt, was auf der Treppe natürlich besonders wichtig ist. Zu den Arcadia-Platten des Terrassenbelags (Seite 40) gibt es aber nicht nur die Blocksteine aus dem LaLinia-Programm für die Treppe, sondern auch Pflastersteine in verschiedenen Größen, Betonpalisaden (Stelen) für Einfassungen und Böschungen und sogar Bänke und Pflanzgefäße.
Beim Blättern in den Katalogen wird man aber nicht nur auf die verschiedenen Formen und Farben der Steine achten, sondern auch auf die lieferbaren Abmessungen. Berücksichtigt man diese Maße bei der Planung, müssen kaum Steine zugeschnitten werden.

Auf Terrassenhöhe wird der erste Blockstein zur Probe als Meßpunkt für die neue Treppe in ein Kiesbett gelegt. Er schließt in einer Höhe mit der Terrasse ab.

Mit Kies wird der Treppenunterbau ausgefüllt, nachdem die alten Stufen und Erdreich entfernt wurden. Das Kiesbett muß gut verdichtet werden.

Länge und Höhe berechnen

Treppen im Garten sind anderen Belastungen ausgesetzt als Treppen im Haus. Erhöhten Abrieb durch Schmutz und Sand, Regen, Schnee und Frost müssen sie aushalten. Ein leichtes Gefälle nach vorn läßt das Regenwasser schnell ablaufen, so daß es im Winter nicht zu gefährlicher Glatteisbildung kommen kann. Eines haben Treppen im Außen- und Innenbereich aber gemeinsam: Die Abmessungen der Stufen müssen stimmen, damit sie sicher und bequem zu begehen sind.
Die Multabloc-Steine aus dem LaLinia-Programm sind als Treppenstufen konzipiert. Sie sind 40 cm lang, 20 cm breit und 14 cm hoch. Die Blocksteine werden nebeneinander verlegt und lappen in der Tiefe 5 cm über, dadurch entsteht ein fester Verbund. Das ergibt eine angenehme Tritthöhe von 14 cm und eine ausreichende Tiefe der Trittfläche von 35 cm. Man ist in den Abmessungen der Treppe also nicht sehr variabel, bestenfalls kann man etwas mehr überlappen lassen. Ein gewisser Ausgleich in der Länge der Treppe wurde bereits bei der Anlage der Terrasse berücksichtigt, denn die untere Begrenzung aus Eisenbahnschwellen sollte erhalten bleiben.
Nach dem Aufnehmen der alten Treppenstufen wird das Erdreich ausgehoben. Als Fundament für eine Treppe hat es sich als unzureichend erwiesen. Der Kies für den Unterbau wird ausgebracht und gut verdichtet. Bei dieser relativ kleinen Fläche mit verschiedenen Ebenen ist ein schwerer Stampfer ausreichend, zumal später Stufe für Stufe festgestampft werden muß.
Zuerst wird aber die ganze Fläche etwas breiter als die eigentliche Treppenanlage eingeebnet.

Den Treppenabsatz zum Garten bilden die im Bogen verlegten Holzschwellen und zwei mit Winkelschleifer und Steintrennscheibe auf Maß geschnittene Terrassenplatten.

Stufenhöhe und Stufentiefe der insgesamt vier Stufen bestimmen die Lage der ersten unteren Stufe. Da die Stufen überlappen, wird mit dem Verlegen von unten begonnen.

Sandbett oder Magerbeton als Untergrund

Hier werden die Treppenstufen im Sandbett verlegt. Für die vier Stufen in den Garten ist das ausreichend, zumal die Stufen durch das Eigengewicht sehr stabil sind. Wird der Garten einmal neu angelegt, kann die Lage der Treppe problemlos verändert werden. Belastbarer und haltbarer ist aber eine Verlegung in erdfeuchtem Magerbeton aus 8 Teilen Zuschlagstoffen (Sand, Kies) und 1 Teil Zement. Da diese Schicht wasserundurchlässig ist und von oben durch die Fugen eindringendes Wasser nicht abfließen kann, muß die Treppe wasserdicht verfugt werden, denn sonst würde es unweigerlich zu Staunässe, Hochfrieren bei Frost und Ausblühungen kommen.

Pro Trittstufe reicht ein halber Zentimeter Gefälle aus, damit das Regenwasser von den Stufen ablaufen kann. Hier wird die Lage des ersten Blocksteins vermessen.

Das Kiesbett unter den Stufen muß gut verdichtet und eben abgezogen sein. Mindestens 5 cm sollten die Stufen überlappen, damit sie auf Dauer wackelfrei liegen.

Der Rand zu beiden Seiten der Treppe sollte ebenfalls mit Kies ausgefüllt und verdichtet werden, damit die äußeren Steine ausreichend Halt haben.

Wichtig ist der Seitenrand

Mit einer langen Wasserwaage, einer Richtlatte oder der Spannschnur wird die seitliche Begrenzung der Treppe festgelegt. Die gesamte Länge der Anlage muß überspannt werden.
Mit dem Verlegen der Blocksteine beginnt man unten. Da die Holzschwellen, die die Böschung abfangen, im Bogen verlegt sind, werden zwei Terrassenplatten zugeschnitten und als untere Stufe auf dem Niveau der Schwellen verlegt. Die Lage des ersten Blocksteins wird ermittelt. Vom oberen Anschluß an die Terrasse sind es viermal die Stufentiefe von 35 cm, also 1,40 m. Das Niveau der Terrasse ist der obere Bezugspunkt, wobei das Gefälle von 0,5 cm pro Stufe berücksichtigt wird. Jeweils fünf nebeneinanderliegende Steine bilden eine Treppenstufe von 1 m Breite. Stufe für Stufe wird das Kiesbett verdichtet und eingeebnet, bevor die Blocksteine verlegt werden. Da die Steine dicht an dicht liegen und sich durch die Höhe von 14 cm ausreichend abstützen, wird nicht verfugt.
Wenn die Treppenstufen verlegt sind, geht es an die Randbefestigung. Da das Kiesbett etwas breiter angelegt war als die Treppenbreite, muß nur noch angeschüttet und verdichtet werden, denn die Randsteine, die ja nur 20 cm breit sind, könnten sonst leicht wegkippen, wenn sie betreten werden. Sehr reizvoll kann es sein, den Rand zusätzlich mit Feldsteinen abzustützen, auch aus optischen Gründen. Die Natursteine würden gut zu der hellen Granitoberfläche der Betonstufen passen. Eine weitere Möglichkeit der Randsicherung sind die Steinschwellen, die es in Längen von 60 bis 120 cm im gleichen Programm für den Gartenbereich gibt.

und Formsteine ergänzen die Treppe.

Betonformsteine *begrenzen die Treppenstufen und geben der Anlage aus Betonplatten Halt an den Trittkanten. Durch den Zuschnitt einiger Platten ist die Bogenführung möglich.*

Blocksteine *aus hellem Beton und im Muster verlegte Betonplatten in zwei Farben bilden diese Treppe. Die Böschung wird durch eine Mauer aus Natursteinbossen abgefangen.*

Die Böschung *dieser Gartenanlage wird mit einem Böschungsmauersystem abgefangen. Die Pflanzen können sich gut entwickeln und bilden schnell eine blühende Mauer.*

Betontreppenstufen *und Holzpalisaden wurden für diese Treppe kombiniert. Die Formsteine gibt es in unterschiedlichen Längen, an den Kanten werden höhere Steine verlegt.*

Verbindung zwischen den

Fünf Stufen führen von der Terrasse am Wohnraum zum Gartensitzplatz. Betonelemente und roter Pflasterklinker sind das einfache Baumaterial.

Beim Gestalten der Sitzplätze, Wege und Treppen im Garten sind der Phantasie kaum Grenzen gesetzt. Die Belastungen sind nicht groß, ein einfacher Kiesweg und abgestützte Erdstufen würden häufig ausreichen. Kaum hoch genug einzuschätzen ist aber das gestalterische Element und das Zusammenspiel von Haus, Terrasse und Garten. Zu einem rot verklinkerten Haus mit einem Holzgiebel wurde eine Holzterrasse angelegt. Die Einfassung mit Klinker setzt sich im Freisitz fort. So war es dann keine Frage, die verbindende Treppe mit Klinker zu gestalten. Der Unterbau wurde stabil aus Betonfertigteilen gebaut.

Der Baukasten für die Gartentreppe: Beton, Klinker, Fertigmörtel und Maurerkelle.

Wie ein Beischlag wirkt dieser geschützte Sitzplatz im Treppenwinkel.

Terrassen – Klinkertreppe

***Die Böschung** wird mit einer Betonplatte abgefangen. Nach dieser Platte richtet sich der Bau der gesamten Treppe. Sie wird horizontal und vertikal ausgerichtet.*

***Als Stufenträger** und zum seitlichen Abfangen der Böschung werden Betonplatten senkrecht eingegraben. Hier ist bereits das leichte Gefälle der Stufen einzuplanen.*

Die Böschung wird abgefangen

Statt den Betonmischer nach der Bauphase noch einmal im Garten aufzustellen und eine Verschalung für ein gegossenes Fundament zu zimmern, greift man bei dieser Treppenkonstruktion auf Fertigteile vom Baustoffhändler zurück. Einfache, graue Betonplatten mit den Abmessungen 50 × 75 cm (6 Stück) und 50 × 25 cm (14 Stück) sind das Material des Unterbaus. Mit einer großen Platte wird die Böschung abgefangen, fünf weitere bilden die eigentlichen Treppenstufen. Die kleinen Platten werden zum Bau der Treppenwangen eingesetzt. Als Zwischenplatten bringen sie mit den beiden Mörtelschichten die Stufen auf die Tritthöhe von 12 cm. Da die senkrechten Platten die Stufen tragen, ist genaues Ausrichten und ein gutes Feststampfen des Untergrundes wichtig.
Jeweils um 12 cm in der Höhe versetzt und mit einem Abstand von 55 cm werden die Platten eingegraben. In der Längsrichtung beträgt der Abstand zwischen den Platten 3 cm. Sie dürfen keinesfalls absacken oder zur Seite weggedrückt werden. Aus diesem Grund ist auch ein Probeauslegen der Stufen auf den Senkrechten ratsam. Schwachpunkte können erkannt und jetzt noch problemlos behoben werden. Das Aufstellen und Ausrichten der Senkrechten ist die wichtigste und auch die schwierigste Arbeit an dieser Treppenkonstruktion.
Aufgemauert wird mit Fertigzement. Man beginnt unten. Wenn er angemischt wird, ist zu beachten, daß jeweils nur die Menge angemacht wird, die in der Verarbeitungszeit, die auf der Verpackung angegeben ist, verbraucht werden kann. Überhaupt sollte man die Gebrauchs- und Anmischanleitung auf der Verpackung beachten.

einfachen Betonplatten für die Klinkertreppe

Die Treppenplatten werden nach einem Probeauflegen, Ausrichten und den notwendigen Korrekturen von unten nach oben aufgebaut und mit Mörtel verbunden.

Die Wasserwaage ist bei dieser Arbeit ständig im Einsatz. Sowohl die Waagerechte als auch die leichte Neigung der Stufen nach vorn muß eingehalten werden.

Die Unterkonstruktion der Treppe steht. Die Stufen sind begehbar, wenn der Mörtel durchgehärtet ist. Das ist bei diesem Fertigzement bereits nach einem Tag der Fall.

Pro Treppenstufe werden 13 Klinker auf die Betonplatten gemauert. Einen einheitlichen Fugenabstand erhält man mit Fugenkreuzen oder Distanzleisten.

Feinarbeit *mit dem Fugeisen ist beim Verfugen wichtig. Die ausgekratzten Fugen müssen wieder gründlich ausgefüllt werden, damit kein Wasser eindringen kann.*

Der Fugenmörtel *wird nochmals diagonal mit dem Gummiwischer in die Fugen gedrückt und geglättet. Ein nasser Schwamm entfernt den letzten überschüssigen Mörtel.*

Stufen aus hartem Stein

Die Wasserwaage liegt immer griffbereit, denn jede Platte wird genau ausgerichtet. Zwischenkeile erleichtern das Ausrichten und verhindern ein Wegdrücken des Mörtels durch das Plattengewicht. Die Keile werden nach dem Abbinden des Mörtels entfernt. Pro Stufe sollte mit einem halben Zentimeter Neigung nach vorn verlegt werden. Mit dem Fortschreiten der Arbeit wird auch der Hohlraum zwischen den Stufen mit Sand ausgefüllt und mit einem Stampfer verdichtet. Der Rohbau steht.

Da Fertigzement schneller abbindet als Beton, kann mit dem Aufmauern der Klinkersteine bereits am nächsten Tag begonnen werden. Den Anfang machen die drei querliegenden hinteren Steine. An der Vorderkante liegen acht Steine, und links und rechts liegt je ein Stein etwas unter der nächsten Trittplatte. Die Zwischenplatten sind vom Klinker U-förmig umrahmt und später nicht mehr zu sehen. Die Klinker stehen seitlich und vorn über. Fugenkreuze oder Distanzleisten sorgen für einen gleichmäßigen Fugenverlauf. Der jetzt noch weiche Mörtel wird aus den Fugen gekratzt, denn die verfüllt man mit speziellem Fugenmörtel zum Schluß. Gerade beim Verlegen der kleinformatigen Klinkersteine kommt die Wasserwaage immer wieder zum Einsatz. Seitlich muß die Waagerechte stimmen, nach vorn das Gefälle von 0,5 cm pro Stufe.

Fugen im Außenbereich haben neben der Verschönerung der Fläche die Aufgabe, den Klinkerbelag wasserdicht und damit frostsicher zu machen. Dringt Feuchtigkeit in die Fugen, gelangt sie auch in die Mörtelschicht, und im Winter wären Frostschäden die Folge. Die Klinkersteine würden sich vom Untergrund lösen. Also muß diese Arbeit sorgfältig ausgeführt werden. Zum Reinigen ist ein großer Schwamm, der immer wieder in sauberem Wasser ausgedrückt wird, vollkommen ausreichend. Eventuelle Grauschleier durch den Zement lassen sich nach dem Aushärten des Mörtels mit einem Spezialreiniger problemlos entfernen. Der Rest ist Zimmermannsarbeit. Die Betonelemente sind nicht sehr dekorativ. Durch die Verkleidung der offenen Seite mit dem gleichen Holz, mit dem auch die Terrasse belegt wurde, wird hier eine optische Verbindung zur gesamten Anlage hergestellt. Damit werden auch die 3 cm breiten Fugen der Treppenseite geschlossen.

Eine Verkleidung aus druckimprägniertem Holz erhält die offene Seite der Treppe. Die grauen Betonplatten sehen nicht gut aus und passen auch nicht zur übrigen Anlage.

Planung von Anfang an

Mit dem Neubau des Hauses war auch eine Neuanlage des Gartens verbunden. Es wäre ein leichtes gewesen, das Gelände einebnen zu lassen. Aber gerade der Höhenunterschied zwischen der oberen Terrasse und dem Freisitz und das sanfte Ansteigen des Geländes machen den Reiz des Gartens aus. Durch das Wohnzimmer im Erdgeschoß lag die Höhe der Terrasse fest. Sinnvollerweise wurden jetzt Höhe und Stufenzahl der Treppe bestimmt, denn das Niveau des unteren Freisitzes konnte leicht angeglichen werden. So war man in der Gestaltung der Treppe frei und konnte Höhe und Länge der Treppe den durch die Fertigteile der Konstruktion vorgegebenen Maßen anpassen. Der Bau der Treppe wurde einfacher.

Die Bretter bohrt man vor und überträgt mit einem Hammer und einem dicken Nagel die Position der Bohrlöcher auf den Betonuntergrund, bevor die Dübellöcher gesetzt werden.

Eine Holztreppe führt

Nicht nur der Höhenunterschied wird überwunden. Die Holztreppe paßt sich dem Stil des Hauses an. Vielseitig ist sie auch. Der kleine Besucher hat in ihr ein Klettergerüst entdeckt.

zum Eingang des Hauses

Die Treppe führt vom Autostellplatz zum Eingang des Hauses. Und damit es bei der Begrüßung nicht zum Stau kommt, endet sie in einem geräumigen Podest.

Den Aufgang zu diesem Haus bildet eine Holztreppe. Holz ist das Material, das für den Selbermacher am einfachsten zu bearbeiten ist. Daß es in diesem Fall auch noch sehr gut zum Baustil des Hauses paßt, ist um so besser.
Am Anfang sind erst einmal Vermessungsarbeiten gefragt. Mit einem langen Richtscheit, der Wasserwaage und dem Bandmaß werden der Höhenunterschied und die Länge von Treppe und Podest festgestellt. Die Punkte für die vier Pfosten und die Auflagepunkte der Treppe liegen jetzt fest. Die Pfosten müssen zu einem Drittel im Erdreich verschwinden, um der Konstruktion genügend Halt zu bieten. Pfosten und Tragbalken sind das eigentliche Gerüst, auf dem das Podest liegt und an dem die Treppenwangen aufgehängt werden. Stimmen diese Auflagepunkte, kann man nicht mehr viel verkehrt machen.
Für die Treppenwangen und Stufenauflagen wurde eine Konstruktion gewählt, bei der Fräsarbeiten in den Wangen nicht notwendig sind. Alle Teile der Treppe können mit der Kreissäge zugeschnitten werden. Zwischen zwei Wangen werden die Stufenträger stabil verschraubt. Statt sie einzeln auszurichten, wird vor Beginn der Arbeit die Wange angerissen. Da die Treppe einige Lasten zu tragen hat, muß sie stabil mit den Stützpfosten verbunden werden. Hier wurde ein Schlitz in den Pfosten gestemmt, dadurch hat die Wange seitlichen Halt.

Die Verbindung der Tragbalken zum Haus wird mit kräftigen, verzinkten Eisenwinkeln und Mauerankern hergestellt. Je ein Balken wird links und rechts der Tür verschraubt.

Die Tragbalken des Grundgerüsts sind seitlich fest mit den stabilen Stützpfosten verschraubt, die zu einem Drittel der Länge im Erdreich eingegraben sind.

Die Treppenwangen bestehen aus drei Lagen. Die Stücke in der Mitte liegen später waagerecht und tragen die Treppenstufen. Die Teile werden miteinander verschraubt.

Der Schlitz im Pfosten nimmt die Treppenwange auf. Verkeilt wird die Wange mit der letzten Auflage für die obere Treppenstufe, die seitlich verschraubt wird.

Ein Geländer muß stabil sein

Eine Treppe, die täglich benutzt wird und über die sämtliche Einkäufe in das Haus getragen werden, braucht natürlich ein Geländer, und das muß stabil sein. Auf dem Podest ist es auch sehr angenehm, wenn man beim Rücken mit dem Stuhl einen Halt findet. Die Pfosten des Geländers werden im oberen Bereich durch den in das Podest gesägten Ausschnitt gesteckt und mit den Tragbalken verbunden. Dadurch und durch den Winkel auf dem Podest wird das Geländer standfest. Die unteren Pfosten am Beginn der Treppe sind ausreichend tief eingegraben, das Erdreich um die Pfosten herum festgestampft. Und jetzt kann diese Treppe auch als Klettergerüst benutzt werden.

Woran man bei einer Holztreppe denken sollte

Die Treppe zum Haus hat eine Gesamtbreite von 120 cm. Mit der Wangenstärke und dem Überstand bleiben 80 cm, die hier überbrückt werden. Soll die Treppe breiter werden, muß in der Mitte zur Unterstützung eine dritte Wange eingezogen werden. Trotz der 2,4 cm starken Bodenhölzer kann sich die Treppe durchbiegen. Eine Stufe besteht aus zwei Brettern; verbindet man sie in Querrichtung durch Lattenstücke, verteilt sich die Last auf beide Bretter. Die hier verwendeten Bodenhölzer haben an der Oberfläche eine Riffelung, die das Holz weitgehend rutschsicher macht. Trotzdem ist eine Reinigung von Algen mit Schrubber und Wasser von Zeit zu Zeit angebracht.

die Holztreppe zum Podest.

Die Stufen bestehen aus zwei Brettern, die mit 1 cm Abstand auf die Auflagen der Wangen verschraubt werden. Dadurch ergibt sich eine Stufentiefe von 30 cm.

Das Holz arbeitet. Auch der Belag des Podestes erhält einen Abstand von 1 cm zwischen den Bodenbrettern. Der ganze Belag wirkt durch die Zwischenräume leichter.

Das Geländer wird vor dem Verschrauben mit einer Schraubzwinge fixiert und die genaue Position angezeichnet. Erst dann werden die Ausschnitte für die Pfosten ausgesägt.

Das Podest kann auch als kleine Terrasse genutzt werden. Früher wurden die Häuser mit Beischlägen gebaut, um das Treiben auf der Dorfstraße beobachten zu können.

Eine Holztreppe als

Ein Ruheplatz im Garten und ein „Freigehege“ für die Pflanzen des Wintergartens – auch so kann eine Treppe genutzt werden.

Aufgang zum Wintergarten

Im Wintergarten werden die empfindlichen Pflanzen in der kalten Jahreszeit gepflegt. Den Sommer könnten sie aber gut im Freien verbringen.

Es ist ein Vorteil dieses Hauses, daß der Keller 1 m hoch aus dem Gelände herausgebaut ist. So kommt Tageslicht auch in die untersten Räume. Der Zugang zum Haus ist über ein paar bequeme Stufen zu erreichen, und die Gartengeräte werden in der Garage untergebracht. Die Terrasse, die auf gleichem Niveau mit dem Wohnzimmer lag, wurde zum Wintergarten umgebaut und mit einer großen Schiebetür zum Garten versehen. Jetzt bestand der Wunsch, auch von hier in den Garten zu gelangen, hauptsächlich zur Versorgung der Pflanzkübel, die sonst immer durchs ganze Haus getragen werden müßten. Im Sommer, wenn auch die Kübelpflanzen in unseren Breiten lieber im Freien stehen, dient diese leichte Konstruktion, die dem Keller kaum Licht nimmt, als Stellage für die Blumenkübel. Aus diesem Grund wurde auch auf ein Geländer verzichtet, das bei den sieben Stufen sonst angebracht wäre.

Das Baumaterial dieser Treppe ist druckimprägniertes Gartenholz, dessen Oberfläche nicht mehr mit Holzschutz behandelt werden muß. Es ist absolut wetterfest. Für alle Bauteile werden 14,5 cm breite und 2,8 cm dicke Bohlen verarbeitet, die eine leicht geriffelte Oberfläche haben. Das macht sie rutschsicher. Zum Zuschneiden der Bauteile wird hier eine Handkreissäge eingesetzt. Eine Kappsäge wäre besser, die Schnittwinkel können fest eingestellt werden und bleiben so gleich.

Der Winkel, in dem die Auflagehölzer zugeschnitten werden, wurde mit einer Schmiege ermittelt und übertragen. Da er immer gleich sein muß, schneidet man am Anschlag zu.

Schloßschrauben, 100 mm lang und 10 mm stark, verbinden die beiden Holme mit den Stufenträgern. Pro Stufe und Wange setzt man zwei Schrauben.

Drei Treppenträger *braucht man, um die Stufen von 1,50 m Breite abzufangen. Deutlich ist hier die Konstruktionsweise der Treppenträger zu erkennen.*

Schloßschrauben verbinden

Verbunden werden die Einzelteile dieser Sandwichkonstruktion mit verzinkten Schloßschrauben. Sie haben unter dem runden Kopf einen Vierkant, der mit dem Hammer leicht in die Bohrung getrieben wird. So können die Schrauben beim Anziehen der Muttern nicht mitdrehen, ohne daß sie gekontert werden. Unter die Mutter kommt eine Unterlegscheibe, sie würde sich sonst beim Festziehen ins Holz drücken, denn die Schrauben müssen stramm angezogen werden. Maßarbeit mit der Wasserwaage und mit dem Richtscheit ist beim Aufstellen der Treppenträger notwendig. Sind die Wangen im Fundament und am Haus befestigt, kommen zum Schluß die Stufenbohlen auf die Träger.

Zum Ausrichten *der Treppenträger wird die Wasserwaage aufgelegt. Noch besser, wenn die Wasserwaage lang genug wäre, um alle drei Träger zu überspannen.*

Ein Fundament für die Treppe

Es gibt mehrere Möglichkeiten, die Treppe standfest im Boden zu verankern. Hier werden fertige Zahnpfahlfundamente eingesetzt. Sie müssen ausgerichtet werden, was bei dem Gewicht und dazu noch in einem Erdloch anstrengend werden kann. Außerdem bindet Schnellzement sehr rasch ab, man muß sich beim Ausrichten der drei Elemente beeilen. Eine andere Möglichkeit wird auf der Seite 58 beschrieben. Selbstangemischter Beton wird in ein Erdloch gefüllt. Die Wangen werden mit Brettern und Keilen unterfüttert und ausgerichtet. Auf jeden Fall sollten die Pfostenanker so gesetzt werden, daß die Holzteile der Treppe ca. 3 cm über dem Erdreich beginnen. Dann kann keine Feuchtigkeit in das Holz ziehen.

in der Sandwichmethode gebaut.

Die Verankerung *der Wangen im Boden besteht aus drei Zaunpfahlfundamenten aus Beton. Drei verzinkte Pfostenanker nehmen die Treppenwangen auf.*

Am Lagerbalken *des Wintergartenunterbaus können die Treppenwangen mit verzinkten Winkelblechen und Schlüsselschrauben befestigt werden.*

Die Auflager *für die obersten Stufen werden zum Schluß eingesetzt. Durch den Ausschnitt greifen sie unter den Lagerbalken und bekommen zusätzlichen Halt.*

Zwei Schrauben *je Auflage und Bodenbrett reichen zur Befestigung aus. Im Außenbereich sind für diese Verschraubung Schrauben aus Edelstahl zu empfehlen.*

Ein Autostellplatz mitten

Im Grünen und trotzdem auf festem Untergrund dank des Rasenpflasters.

m Grünen – Rasenpflaster

Immer mehr Fläche wird versiegelt. Es geht auch anders. Auf dem eigenen Grundstück kann man den Wagen auf einem befestigten Rasen parken.

Gleich zwei Vorteile hat dieser befestigte Rasen: Die Fläche bleibt als Grünfläche erhalten, und das Regenwasser kann im Boden versickern, ein Vorteil für das Kleinklima im Garten. Es gibt mehrere Möglichkeiten, Plätze und Wege im Garten so zu befestigen, daß der Boden nicht versiegelt wird und trotzdem eine lauffreundliche, befahrbare und wasserdurchlässige Fläche entsteht.
Steine mit angeformten Abstandshaltern können auf zweierlei Art verlegt werden. Legt man keinen Wert auf einen begrünten Parkplatz, werden die Steine so gesetzt, daß ein Abstandshalter am Stein liegt. Es entsteht eine Fuge von 13 mm, die dann mit Kies ausgefüllt wird und das Regenwasser aufnehmen kann. Verlegt man Noppe gegen Noppe, verdoppelt sich die Fugenbreite. In diese Fugen ausgebrachter Mutterboden bietet den Rasenpflanzen ausreichende Wachstumsmöglichkeiten.
Diese Steine werden auch als Fünfecksteine hergestellt, die, als Rasenpflaster verlegt, ein lebhaftes Muster bilden.
Es erinnert an unregelmäßig verlegte Natursteinplatten.
Zumindest für ein Versickern des Regenwassers und Belüften des Bodens sorgen auch wasser- und luftdurchlässige Betonpflastersteine. Auf Wegen und kleinen Plätzen im Garten, wo Rasen nicht unbedingt erwünscht ist, bieten sie mit der geschlossenen Oberfläche einen höheren Gehkomfort als das Rasenpflaster.

***Verlegesand** wird gleichmäßig ausgebracht und verteilt, nachdem die Verlegefläche ausgekoffert wurde. Der Mutterboden füllt später zum Teil die Fugen des Rasenpflasters.*

***Ein Parkplatz** braucht wegen der Fahr- und Druckbelastungen einen festen Untergrund. Hier wird der Verlegesand mit der Rüttelmaschine verdichtet.*

Grüne Fläche statt Beton

Bei der hier vorgestellten Methode hat man den großen Vorteil, daß jeder rechteckige oder quadratische Pflasterstein so verlegt werden kann, daß später eine begrünte Fläche entsteht. Bei diesem System sind die Abstandshalter nicht fest mit dem Stein verbunden, sondern sie werden zwischen den Steinen verlegt. Und auch hier gibt es wieder zwei Möglichkeiten. Ein allseitig offener Abstandshalter aus Polypropylen ermöglicht eine ungehinderte Ausdehnung der Verwurzelung der Gräser. Die Pflanzenkanäle sind nicht versperrt. Hier hat man sich für ein natürliches Material entscheiden, für Abstandshalter aus Holz. Sie stützen die Steine ausreichend gegeneinander ab. Nach der Stabilisierung der Pflanzenbereiche durch die Wurzelverfestigung vermodert die Holzeinlage und dient als zusätzliche Wurzelnahrung. Man arbeitet also mit verlorenen Abstandshaltern. Ganz gleich, ob man nun mit Kunststoff- oder Holzteilen arbeitet, die Steine müssen in jedem Falle gegeneinander Halt finden, bei einer immerhin 3,5 cm breiten Fuge kann das nicht mehr allein durch Füllmaterial erreicht werden.

Voraussetzung für eine Rasenpflasterfläche ist eine ausreichende Durchlässigkeit des Untergrundes. Wenn der Regen durch das Rasenpflaster gesickert ist, muß er von dort auch weiter ablaufen können, da sonst die ganze Pflasterung in einer feuchten Wanne steht. Sinnvoll ist es auch, ein Gefälle von 2 % (2 cm auf einen Meter) zu einer Seite hin einzuplanen, zu der das Wasser nach einem Platzregen ablaufen kann. Hier fällt das Gelände leicht ab, das Oberflächenwasser verteilt sich gleichmäßig auf die angrenzenden Flächen.

Anders als bei Gartenwegen, die man nach der vorhandenen Bepflanzung auf dem kürzesten Weg zum Haus führen kann, muß man bei einem Stellplatz mit Zufahrt und Wendeplatz etwas gründlicher messen und planen. Wendeflächen sind überdies bei Neubauten häufig vorgeschrieben, um ein gefahrloses Einordnen in den fließenden Verkehr zu ermöglichen. Sinnvoll ist es auch, darüber nachzudenken, wo die Gäste ihren Wagen abstellen können, und das in der Anlage des Wendeplatzes zu berücksichtigen. Es muß als erstes der Wendekreis eines PKW in den Plan aufgenommen werden. Eine „Probefahrt" auf der geharkten Fläche nach dem vorher erstellten Plan wird zeigen, daß der Weg breiter sein muß als eine Wagenbreite. Man sollte das mehrmals probieren, bis man die endgültige Verlegefläche festlegt. Nachdem der Verlauf des Gartenweges und des Rasenpflasters abgesteckt wurde, bringt man den Verlegesand auf der vorbereiteten Fläche aus. Da der Sand eine gleichmäßige Schicht von 3 bis maximal 5 cm bilden muß, ist auch die Tragschicht entsprechend einzuebnen. Kulen dürfen nicht einfach mit Verlegesand ausgefüllt werden. Die Tacato-Steine des Rasenpflasters und die Tegula-Steine des Weges haben die gleiche Stärke, die Fläche kann also in einem Zug vorbereitet werden. Da der Gartenweg im Bereich der Zufahrt auch vom PKW befahren wird, muß er genauso belastbar sein wie Auffahrt und Wendeplatz. Begonnen wird beim Verlegen mit den rechteckigen Tegula-Steinen des Gartenweges. Der sanfte Schwung des Weges kann durch die Fugen beim Verlegen ausgeglichen werden. Formsteine und Zuschnitt sind nicht nötig.

Der Gehweg neben dem Parkplatz wird mit Steinen dicht an dicht verlegt. Er ist besser zu begehen. Die schmalen Fugen werden später mit feinem Sand verfüllt.

Die Abstandshalter zwischen den Steinen bilden eine fast 4 cm breite Fuge, die nicht ganz bis zur Oberkante mit Sand verfüllt wird. Über den Sand kommt eine Schicht Mutterboden.

Die Kurven *der Auffahrt sind weit geführt und lassen sich einfach verlegen, da die ohnehin breiten Fugen einen Ausgleich ohne Zuschnitt der Steine erlauben.*

Der Steinknacker *trennt die Steine mit einem Schlag. Er kommt nur zum Einsatz, wo der Gehweg die Kurve des Rasenpflasters durchschneidet. Steine werden diagonal getrennt.*

Mit verlorenen Abstandshaltern

Die Steine liegen in Verbünden auf den Paletten. Reihenweise werden sie abgenommen und in der Reihenfolge auch verlegt. So entsteht ein gleichmäßiges Verlegemuster.
Im Anschluß an den Gartenweg folgt die Verlegung des Rasenpflasters. Durch die Fugenklötze des Rasen-Mohrsystems ergibt sich eine Fugenbreite von 3,5 cm. Damit können die abweichenden Fugen im Kurvenbereich ohne Steinzuschnitt angeglichen werden. Anders ist das in den Bereichen, wo der Fahrweg schräg an den Gartenweg stößt. Hier werden Steine mit dem Steinknacker zugeschnitten. Ganz zum Schluß werden diese Steine eingepaßt. Die Fugenklötze werden mit den Öffnungen nach oben zwischen die Steine gelegt. Die Klötze verrotten mit der Zeit, inzwischen hat sich aber ausreichend Wurzelwerk gebildet, so daß die Steine immer noch gut gegeneinander abgestützt werden. Das Ausbringen des Fugenfüllers kann wieder auf der ganzen Fläche gleichmäßig erfolgen, denn auch die Fugen des Rasenpflasters werden zu mindestens Dreiviertel der Höhe mit Fugensand ausgefüllt. Nur so wird die Fläche belastbar. Darüber hinaus nimmt die Versickerungsleistung der Fläche ab, wenn die Fugen vollkommen mit Mutterboden geschlossen werden. Eine dünne Schicht Mutterboden in den Fugen ist auch für eine kräftige Entwicklung des Rasens ausreichend. Nach diesen Arbeiten werden das Rasenpflaster und die Pflasterung des Gartenweges in einem Arbeitsgang abgerüttelt. Die Tacato-Steine des Gehweges sind speziell oberflächenbehandelt, wodurch das im Beton enthaltene Naturgestein sichtbar wird. Um diese schöne

Oberfläche zu erhalten, sollte der Rüttler mit einer Kunststoffschonplatte ausgerüstet sein. Gartenweg und Stellplatz müssen von der Belastbarkeit her eine Einheit bilden, wenn sie sich auch vom Aussehen sehr unterscheiden. Jetzt wird das Rasenpflaster noch einmal mit gut durchgesiebtem Mutterboden abgestreut, die Erde mit einem starken Besen verteilt, damit die Fugen bis zum Rand gefüllt sind. Der Grassamen wird bei günstigen Wetterbedingungen schon nach ein paar Tagen aufgehen. Mit dem Befahren der Fläche sollte man aber bis nach dem ersten Rasenschnitt warten. Dann haben sich die Wurzeln entwickelt und halten die obere Schicht Mutterboden in den Fugen.

Mit Mutterboden, *der vorher durch ein Sieb geworfen wurde, damit er schön locker und krümelig ist, wird die obere Schicht der Rasenpflasterfugen ausgefüllt.*

Zwei Tips vor Baubeginn

Mehrere Paletten Steine, Sand und Fugenklötze werden angeliefert. Da die Fläche für ein privates Bauvorhaben recht groß ist, sind auch die Materialmengen entsprechend. Zwei Depots, an denen die Baustoffe gleich bei Anlieferung abgestellt werden, ersparen dem Bauherrn viel Transportarbeit mit der Schubkarre.
Sowohl die Fugenklötze Rasen-Mohr aus Holz als auch die Abstandshalter aus Kunststoff werden zusammen mit den Steinen von den Firmen der SF-Kooperation geliefert. Was alles beim Verlegen von Rasenpflaster zu beachten ist und wie eventuelle Problemfälle zu lösen sind, kann man in einer Broschüre nachlesen. Sie ist zu bekommen bei der SF-Kooperation Bremen, Telefon 0421/63 70 61.

Der Rasenschnitt *ist bei dieser ebenen Stellfläche kein Problem. Gemäht wird wie auf dem normalen Rasen. Der Kantenschnitt entfällt, da die Flächen ineinander übergehen.*

Die Klostermauer –

Vom zeitigen Frühjahr bis zum Herbst kann man in diesem ge schützten Winkel im Freien sitzen.

ein lauschiger Gartenwinkel

Nicht nur Einfriedung ist diese Backsteinmauer. Sie gibt auch empfindlichen Pflanzen Schutz und speichert die Sonnenwärme.

Klostergärten wurden nicht nur zum Schutz vor unliebsamen Gästen mit Mauern umgeben. Neben ihrer architektonischen Bedeutung für die Gesamtanlage hatten sie die Aufgabe, Pflanzen und auch Gemüsesorten Schutz zu bieten und Wärme zu spenden, die in unseren Breiten auf freiem Feld kaum gedeihen würden. Und für die Menschen war es sehr angenehm, nach einem arbeitsreichen Tag im Mauerwinkel auszuruhen.

Ein Stilleben im Garten bildet dieser efeubewachsene Winkel mit der kleinen Skulptur.

Das Fundament *muß frostfrei ca. 80 cm tief gegründet sein. Die Bretterverschalung ist exakt waagerecht ausgerichtet. Auch der rechte Winkel für die Mauerecke stimmt.*

Frostsicheres Fundament

Vor Beginn der praktischen Arbeiten an diesem für einen Laien doch sehr anspruchsvollen Projekt muß ein Plan gezeichnet werden. Länge, Stärke und Form der einzelnen Mauerteile müssen aus diesem Plan exakt hervorgehen. In diese Zeichnung kann auch der Verlauf der Steine, z. B. die Lage der Läufer- und der Binderschichten, eingezeichnet werden. Die Abmessungen der Steine sind auf einem 25-cm-Raster aufgebaut, wobei in der Waagerechten die Fuge mit 1 cm, in der Höhe mit 1,2 cm hinzugerechnet werden muß. Die Mauer soll ein Schmuckstück im Garten werden. Aus diesem Grund wird man auch auf die Anordnung der Steine, also auf einen gleichmäßigen

Die Steinlage, *die zuerst auf das Fundament gemauert wird, ist die wichtigste. Unebenheiten im Fundament können jetzt durch die Mörteldicke ausgeglichen werden.*

Metallecken, *jeweils auf den ersten und den letzten Stein einer Reihe gelegt und mit einem Maurergummi verbunden, helfen, die Waagerechte und die Flucht einzuhalten.*

Verband achten. Die Fugen sind für das Aussehen der Mauer ebenso wichtig. Die Stoßfuge (senkrecht) hat eine durchgehend gleichmäßige Breite von 10 mm, die Lagerfuge (waagerecht) mißt 12 mm. Zu Anfang wird man bei der Stoßfuge mit einem Distanzklötzchen arbeiten, bald bringt die Übung das Gefühl für einen gleichmäßigen Abstand. Die Lagerfuge muß laufend kontrolliert werden, denn wenn sie ungleichmäßig wird, stimmt die Waagerechte nicht mehr. Ein Mauerverband besteht aus Läufer- und Binderschichten, die sich abwechseln. Die Läufer liegen mit der Längsseite in der Mauerflucht, die Binder mit der Stirnseite. Die Binder überdecken zwei nebeneinanderliegende Läufer.

Ein Lehrgerüst wird aus einer Spanplatte und einem Streifen flexibler Hartfaserplatte gebaut. Die senkrechte Spanplatte hat genau die Ausmaße der gesamten Bogenöffnung.

Herausgedrückter Mörtel wird mit der Kelle gleich aufgenommen, wenn der Stein richtig liegt. Die Wand bleibt frei von Mörtelresten. Er wird beim folgenden Stein verbraucht.

Die Position der Steine, die den Bogen bilden, wird auf der Schalung genau angezeichnet. Die Steine finden an der bereits aufgemauerten Rückwand Halt.

Rote **Dachpfannen** als Abschluß für die

Die Verzahnung an den beiden Enden des Bogens ist wichtig für die Stabilität. Eine fachgerechte Arbeit ist aber auch entscheidend für die Optik dieses Blickfangs.

Mit Kelle und Fugeisen

Als Mörtel wurde hier eine fertige Mischung verwendet, die nur noch mit Wasser angemacht werden muß. Wenn genügend Steine am Arbeitsplatz griffbereit liegen, wird mit dem Mauern begonnen. Die Stoßfuge wird an der Ansichtsfläche mit Mörtel geschlossen, wenn Mörtel auf die Ecke des Steins gegeben wird, die gegen den vorherigen Stein stößt. Dann wird der Mörtel für die Lagerfuge auf das Mauerwerk gelegt. Jede neue Steinreihe wird mit der Wasserwaage ausgerichtet. Um die Höhe der Mauer von einem Ende zum anderen zu messen, wird eine Schlauchwaage gebraucht, die Wasserwaage wäre hier in jedem Fall zu kurz. Während der Arbeit orientiert man sich an

Rote Dachpfannen auf der schrägen Mauerkrone passen gut zu den Backsteinen. Sie sorgen auch dafür, daß keine Feuchtigkeit ins Mauerwerk ziehen kann.

Die Mauerecken werden mit zugeschnittenen Dachziegeln gedeckt. Das richtige Werkzeug für diese Arbeit ist der kleine Winkelschleifer mit einer Trennscheibe für Stein.

der Maurerschnur, die von Reihe zu Reihe neu gespannt wird. An den Mauerecken wird der Winkel mit einem Stahlwinkel überprüft. Für die beiden schwierig zu mauernden Bogennischen wird zuerst die Rückwand im Läuferverband, jeweils um einen halben Stein versetzt, hochgemauert. Dann wird die Schablone eingepaßt und der Bogen gemauert. Nach dem Verfugen mit Kelle und Fugeisen kann man die Fugen mit einer stumpfen Holzleiste glätten, sobald der Mörtel leicht angezogen hat. Zum Schluß werden die Dachpfannen mit Dachdeckermörtel auf die schräg zulaufende Mauerkrone gesetzt. Den Mörtel gibt es in verschiedenen, auf die Farbe der Pfannen abgestimmten Tönen.

Mit Fugeisen und Kelle werden die Fugen geschlossen. Man nimmt den Mörtel auf die Kelle, hält sie an die Wand und schiebt mit dem Fugeisen den Mörtel in die Fugen.

Das Anpassen von Dachpfannen und Mauersteinen

An den Ecken und am Rundbogen müssen die Steine und Dachpfannen zugeschnitten werden. Der Maurer trennt Steine mit einem gekonnten Schlag seines Maurerhammers, aber das will geübt sein. Ein Winkelschleifer mit einer Trennscheibe für Stein oder einer entsprechenden Diamanttrennscheibe ermöglicht auch ungeübten Bauherren einen maßgenauen Zuschnitt. Da sich die meisten Maße an den Mauerenden und Ecken wiederholen, ist es sinnvoll, Maße und Winkel auf eine Schablone aus Leisten zu übertragen, statt jeden Stein und jede Dachpfanne neu anzuzeichnen. So erhält man immer gleiche Größen und Winkel und arbeitet schneller und genauer.

Die Oberfläche der gesamten Mauer wird zum Schluß von den leicht angetrockneten Mörtelresten mit dem Maurerquast durch kräftiges Bürsten gereinigt.

Die Natursteinmauer – ein

Die Sandsteinmauer stützt das bunt blühende Staudenbeet im Garten. Mit dem überhängenden Storchschnabel ist diese Anlage ein schöner Blickpunkt im Garten.

Schmuckstück im Garten

Weit mehr als nur eine Beeteinfassung ist diese Sandsteinmauer. Ein Blickfang im Garten und ein Platz zum Ausruhen.

Natursteine waren schon immer ein wesentliches Element der Gartengestaltung. Einzelne große Steine können Stauden abstützen, flache Platten werden als Trittsteine in den Beeten verlegt. Im Steingarten wachsen die Pflanzen aus den natürlichen Fugen der Mauern.
Diese Sandsteinmauer stellt aber schon ein kleines Bauwerk dar, mit einem richtigen Fundament. Damit beginnen auch die Bauarbeiten. Der Graben für dieses Fundament wird 60, besser 80 cm tief ausgehoben, denn die Mauer muß frostsicher gegründet werden. Ein Lochspaten oder Doppelspaten ist sehr hilfreich bei dieser Arbeit, da der Graben schmal ist. Der in einem großen Bottich angemischte Beton wird direkt in diesen Graben gegeben, und nun hat man 24 Stunden Zeit, die Natursteinbossen zu sortieren, denn früher darf das Fundament nicht belastet werden.

Das Fundament *wird in einem 80 cm tiefen Graben geschüttet. Es muß frostsicher sein. Der angerührte Beton ist so weich, daß er vom Bottich in den Graben gegeben wird.*

Die Natursteinbossen *– so bezeichnet man die Rohlinge – sollten vor dem Vermauern gründlich mit dem Hochdruckreiniger abgespritzt und gereinigt werden.*

Mit Sprengeisen und Fäustel, dem typischen Steinmetzwerkzeug, wird das Rohmaterial in Form gebracht. Flache und gleich hohe Steine lassen sich am besten aufmauern.

Probeauflegen vor dem Mauern

Die Steine haben durch das Lagern unterschiedlich Patina angesetzt, deswegen sollten sie vor dem Sortieren und Aufmauern abgespritzt werden. Das Bild wäre sonst zu buntscheckig. Beim Sortieren werden die Steine auch gleich zur Probe ausgelegt. Das ist bei diesen unregelmäßigen Größen und Formen auf jeden Fall zu raten, um mit einer gleichmäßigen Verteilung von großen und kleinen Steinen ein ausgewogenes Gesamtbild zu erhalten. Wo es notwendig ist, werden die Steine mit dem Sprengeisen nachgearbeitet. An der schräg zulaufenden Ecke wird man um diese Arbeit nicht herumkommen.
Die Steine kennzeichnet man dann auf der Lagerfläche, die nach dem Vermauern

Die Steine werden wie ein Puzzle trocken zur Probe ausgelegt, um die richtige Anordnung herauszufinden. Danach werden sie mit Kreide durchnumeriert.

Beim Mauern der ersten Lage können die Unebenheiten zwischen dem Fundament und der Steinlage mit reichlich Mörtel noch ausgeglichen werden.

nicht mehr zu sehen ist, um sicherzugehen, daß sie auch wirklich nach dem ausprobierten Muster eingesetzt werden.
Das Mauern und das anschließende Ausfüllen der Fugen sollte sorgfältig geschehen. Die Oberfläche des Sandsteins ist weich, und angetrockneter Mörtel läßt sich nur schwer von den Steinen entfernen. Aus diesem Grund ist eine Reinigung der fertigen Mauer mit einem Zementschleierentferner zu empfehlen. Um Verschmutzungen vorzubeugen, kann man die Mauer auch imprägnieren. Im Garten kann aber eine natürliche Alterung des Steins sogar schön sein. Gegen grobe Verschmutzungen reicht ein scharfer Wasserstrahl aus dem Gartenschlauch.

Senkrechte *Fugen dürfen nicht aufeinanderliegen. Bereits beim Probeauflegen muß darauf geachtet werden, daß von Reihe zu Reihe immer ausreichend Versatz entsteht.*

Welcher Stein für den Garten?

Schaut man sich bei einem Natursteinhändler um, erhält man einen kleinen Eindruck von der Vielfalt der Möglichkeiten, mit Natursteinen den Garten zu gestalten. Dann wird man aber auch erhebliche Preisunterschiede feststellen. Kommt der Stein von weit her, wird er allein durch die Transportkosten sehr teuer. Mehr Geld muß man auch für behauenes, gesägtes oder geglättetes Material ausgeben, es läßt sich aber auch wesentlich leichter verarbeiten. Die preiswerteste Lösung ist der Sandstein, mit dem diese Mauer gebaut wurde. Der Stein kommt vielfach in unserer näheren Umgebung vor, und er ist so weich, daß er mit einfachen Steinmetzwerkzeugen auch von Laien gut bearbeitet werden kann.

Fugeisen *gibt es in unterschiedlichen Breiten. Der erdfeuchte Mörtel wird von der Kelle mit dem Fugeisen sauber eingearbeitet. Überquellender Mörtel wird sofort entfernt.*

Der Friesenwall – eine

Wie stark sich die Pflanzen in einem Steinwall entwickeln können, sieht man an der oberen Mauer. Lebendig wirkt die Hangbefestigung durch die unterschiedlich großen Steine. Mächtige Feldsteine wurden in den Wall vor dem weißen Haus gesetzt.

Mauer aus Stein und Erde

Große Steine im Garten sind schon einzeln sehr reizvoll. Als Mauer bieten sie Schutz und können bunt bepflanzt werden.

Steinwälle gibt es überall auf der Welt, wo die Bauern mit Steinen auf den Ackerflächen zu kämpfen hatten. Sie wurden vom Feld abgesammelt und am Feldrain aufgeschichtet. Dort wuchsen Pflanzen auf den Wällen, wenn der Wind genügend Mutterboden antrieb. Heute werden diese Steinwälle in Gärten zum Abfangen von Böschungen, Terrassieren von Grundstücken und als Grundstückeinfassungen aufgebaut. Die Bauern sind nach wie vor froh, wenn sie die Steine loswerden, die ihre Äcker Jahr für Jahr beim Umpflügen hergeben. Deswegen lohnt sich auch die Nachfrage bei benachbarten Landwirten, bevor man in der Baustoffhandlung für Steine viel Geld bezahlt.

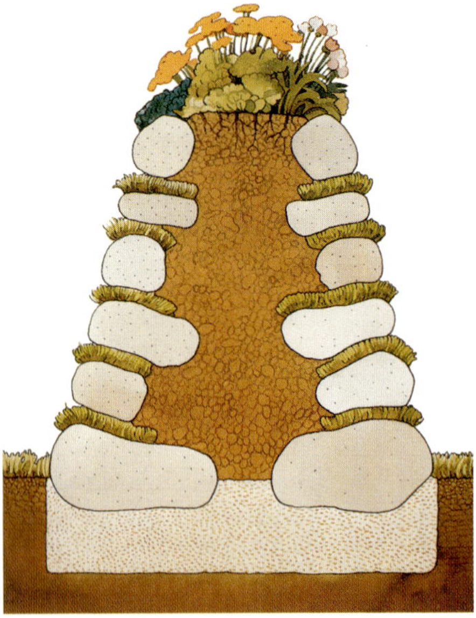

Der Aufbau eines Natursteinwalls. Die größten Steine liegen unten. Wenn in der Mitte des Walls auch noch größere Steine in das Erdreich ragen, wird er standfester.

Rollrasen als Mörtel

Genau wie bei einer gemauerten Wand mit Läufer- und Binderschichten sind bei den Steinwällen die Gesetze der Statik zu beachten, damit sie stabil aufgebaut werden können und auch stabil bleiben. Einen rechteckigen Stein kann man senkrecht hochmauern, die unregelmäßige Form der Natursteine setzt einen gewissen Neigungswinkel zur Mitte des Walls voraus, damit sich die Steine gegenseitig abstützen können. Bei einer Höhe von 1 m ist auch das Fundament 1 m breit, die Mauerkrone jedoch nur 0,5 m. Das ergibt einen Winkel von 15°, dessen Einhaltung beim Bauen auch ständig kontrolliert werden sollte. Viel höher als 1 m sollte kein Steinwall gebaut werden.

Der Unterbau besteht aus verdichtetem, glattgeharktem Sand. 40 cm tief wird die Erde ausgehoben und die Grube anschließend mit Verlegesand aufgefüllt.

Die Steine, die zuerst verlegt werden, sind ca. 20 cm tief in den Sand eingelegt. Sie brauchen diesen Halt, um die darüberliegenden Schichten tragen zu können.

einen richtigen Steinwall gebraucht.

Als „Fugenmörtel“ wurde hier Rollrasen genommen, der mit seinem dichten Wurzelwerk in sich stabil, aber trotzdem flexibel ist und sich in die Zwischenräume drücken läßt. Lehmige Erde oder Mutterboden, mit Tonmehl vermischt, ist eine gute Alternative. Der Boden auf den Steinwällen braucht nicht sehr nährstoffreich zu sein, denn die Pflanzen, die auf den Steinwällen gut gedeihen, stellen keine großen Ansprüche. Sämtliche Steingartenpflanzen sind geeignet, zumal sie auch Trockenheit vertragen, denn ein Steinwall kann die Feuchtigkeit nicht gut speichern. An Nord- und Ostsee sind die auf den Steinwällen blühenden Heckenrosen typisch für die Landschaft.

Rollrasen übernimmt bei dieser Art Mauern die Aufgabe des Mörtels. Alle Zwischenräume müssen gut ausgefüllt werden, eventuell mit zwei Lagen.

Überstehende Soden des Rollrasens werden einfach mit einem großen Messer abgeschnitten und als zusätzliches Füllmaterial hinter den Steinen verlegt.

Die Natursteine liegen gut verpackt zwischen den Grassoden. Die noch offenen Zwischenräume schließen sich im Laufe der Zeit durch Erdreich und Wurzelwerk.

Der richtige Gartenzaun für

Einfriedung des Grundstücks und Visitenkarte des Hauses, beides ist der Gartenzaun. Bei der Gestaltung sollte man immer das Gesamtbild im Auge haben.

1

2

3

Zedernholz hat mit seinen öligen Inhaltsstoffen einen natürlichen Schutz gegen Fäulnis und muß nicht behandelt werde. Es ist das ideale Holz für Zäune (1, 3, 5). Kiefernholz wird für die Verwendung im Außenbereich mit einer Druckimprägnierung dauerhaft ge-

das Grundstück

4

5

schützt, sogar im direkten Erdkontakt (4). Die weißen Kiefernholzzäune sind nach der Druckimprägnierung zweimal mit einer offenporigen Farbe gestrichen. Diese Farbe auf Naturölbasis (OSMO Color) erhält die Struktur des Holzes und blättert nicht ab (2, 6).

6

Ein Gitterzaun aus

Das ist aus dem Maschendrahtzaun geworden – ein schöner Gitterzaun aus unverwüstlichem Zedernholz.

wetterfestem Zedernholz

Kanadische Rotzeder ist nicht nur ein schönes Holz, es ist auch wetterfest und langlebig. Zum Eigenbau von Gartenzäunen ist es ein ideales Material.

Maschendrahtzäune sind als Garteneinfriedung sicher eine preiswerte Sache, eine Augenweide aber nicht gerade. Spätestens wenn im Laufe der Zeit die Farbe abblättert, beginnt die Suche nach einer besseren Lösung.
Bei diesem Haus waren das Mauerwerk und die Metallrahmen des Zauns noch gut intakt, eine Totalerneuerung, die auch Abriß- und Erdarbeiten mit sich gebracht hätte, war also nicht notwendig. Statt dessen wurde das alte Drahtgitter mit Hammer und Meißel aus den Metallrahmen entfernt. Sämtliche Metallteile wurden gründlich entrostet. Mit einem lückenlosen Anstrich mit Rostschutzfarbe und einer anschließenden Lackierung sind die Metallteile wieder wetterfest.
Das Maß der Metallrahmen bedingte allerdings, daß die neuen Zaunelemente angefertigt werden mußten. Ein fertiger Zaun aus dem Baumarkt hätte nicht gepaßt. Es sollte auch eine dauerhafte und pflegeleichte Lösung gefunden werden.
Das Holz der kanadischen Rotzeder eignet sich besonders gut für den Außenbereich. Es hat einen natürlichen Schutz gegen Fäulnis. Es muß weder vorbehandelt noch später gepflegt werden. Die intensive Farbe verliert es allerdings mit der Zeit. Durch die Verwitterung bekommt es einen schönen silbergrauen Glanz. Will man den intensiven Farbton erhalten, muß das Holz von Zeit zu Zeit mit einem speziellen Öl behandelt werden.

Auf einer **Führungsschiene** werden

Die Zedernholzbretter *spannt man zu mehreren zusammen. Die Abstände der Gitterleisten von 9,6 cm werden angezeichnet. Die Bretter sind 2,6 cm dick und 14 cm breit.*

Ein Gartenzaun aus Leisten

Es sieht schwieriger aus, als es eigentlich ist. Man kann auch recht zügig arbeiten, denn die Leisten mit den Nuten, aus denen die Zaunelemente im wesentlichen bestehen, werden in Serie angefertigt. So passen sie später auch am besten zusammen. Die Maße sind durch das verarbeitete Material vorgegeben. Will man die 2,6 cm dicken Zedernholzbretter zu Quadratstäben schneiden, muß man 2,6 cm breite Leisten sägen. Die Tiefe der Nut von 1,3 cm ist die halbe Materialstärke, denn die Leisten sollen ineinandergreifen. Da die rechteckigen Zaunelemente gleich groß sind, werden lange waagerechte und kürzere senkrechte Leisten gebraucht. Die Bretter, aus denen die Leisten geschnitten werden, sind

Ein Nutfräser *mit einem Durchmesser von 26 mm wird zum Ausfräsen der 13 mm tiefen Nuten in die Oberfräse gespannt. Als Anschlag dient die Führungsschiene.*

Kreuzweise *werden die mit der Handkreissäge und Führungsschiene aufgesägten Leisten von 2,6 cm Breite zusammengesteckt und wasserfest verleimt.*

vorher entsprechend zugesägt. Zum Auftrennen der Bretter in die einzelnen Leisten wäre eine Tischkreissäge praktischer als die in der Schiene geführte Handkreissäge. Die Verleimung der Gitter mit unbedingt wasserfestem Leim muß sehr sorgfältig erfolgen, damit in das Hirnholz keine Feuchtigkeit einziehen kann. Wasser ist für das Zedernholz kein Problem, aber im Winter friert es, und das könnte der Konstruktion schaden. Den letzten Schliff erhalten die Gitterelemente durch das Anfasen der Leisten nach dem Zusammenbau der Elemente. Fast man die einzelne Leiste an, würde die Fase auch über die Verbindungsstellen laufen. Mit feinem Schleifpapier wird noch einmal geglättet.

Ein Zaunelement wird in den erhaltenen Metallrahmen des Zaunes eingehängt. Eine Abdeckleiste, die von unten gegengeschraubt wird, bildet den oberen Abschluß.

Die Leistenkanten werden mit einem Fasenfräser angefast. Ein Leistenrahmen von 3,5 cm Breite wird rings um die hölzernen Gitter geschraubt.

Die Metallrahmen des alten Gartenzauns wurden in einem Abstand von ca. 40 cm mit 3,5-mm-Bohrungen versehen. Gebohrt wurde vor dem Lackieren.

Die stabile **Gartenpforte** besteht aus

Die Gitterelemente *werden mit Schraubzwingen im Metallrahmen fixiert und ausgerichtet. Jetzt können die Holzrahmen mit 3-mm-Holzschrauben festgesetzt werden.*

Beschläge werden eingelassen

Ein Gartentor hängt nur an zwei Punkten, nämlich an den beiden Torbändern. Ist der Rahmen des Tors nicht stabil, verzieht er sich, und das Tor schleift mit einer Ecke auf dem Boden. Die ineinanderfassenden Leisten des Holzgitters bringen schon einiges an Stabilität, aber auch an Gewicht. Der Rahmen muß also solide gebaut, die Torbänder sicher befestigt werden. Da es besser aussieht, werden sowohl die Bänder als auch der Schloßkasten eingelassen. Dazu wird der erste Rahmen gebaut und fest zusammengefügt. Die Kopfnuten für das Gitter sind bereits gefräst. Jetzt werden die Beschläge aufgelegt und ihr Sitz genau angezeichnet. Mit der Oberfräse werden die Einlagenuten

Das Gartentor *besteht aus zwei Rahmen. Zwischen den beiden Rahmen werden die Beschläge eingelassen. Die Nuten für die Holzgitter sind bereits gefräst.*

Die Metallbeschläge *sind eingelassen. Die Holzgitter werden zum Schluß in den Rahmen gesetzt und durch wasserfesten Leim mit den Rahmen verbunden.*

zwei überlappenden Rahmen.

ausgefräst. Die Torbänder verschwinden ganz im ersten Rahmenteil. Für den Schloßkasten muß auch die entsprechende Leiste des zweiten Rahmens ausgefräst werden, weil er zu dick ist. Vor dem Zusammenbau nicht vergessen, das 8-mm-Loch für den Vierkant des Türdrückers zu bohren. Auch die beiden Löcher für die Schloßschrauben, die die Torbänder fest im Rahmen halten, müssen vor dem Zusammenbau gebohrt werden. Mit Senkkopfschrauben sind die Bänder bereits auf dem ersten Rahmenteil festgesetzt. Wenn die Rahmenteile zusammengefügt sind und die Abdeckleiste aufgeleimt wurde, werden die Türgriffe montiert. Das Tor kann eingehängt werden.

Die Rahmenabdeckung besteht aus einer 7 cm breiten, in Rahmenstärke ausgefrästen Leiste. Sie faßt über beide Rahmenteile und wird wasserfest verleimt.

Die Überlattungen an den Rahmenecken geben dem Tor zusätzlich Stabilität. Der zweite Teil des Rahmens wird in Einzelteilen aufgeschraubt und verleimt.

Die Torbänder sind zwar bereits auf dem ersten Rahmenteil mit Holzschrauben festgesetzt, die durch beide Rahmen gesteckten Schloßschrauben geben aber mehr Halt.

Ein blauer Lattenzaun

mit schneeweißen Köpfen

Die Farbe des Zauns wiederholt sich in den Fenstern und im Dachüberstand.

Der traditionelle Lattenzaun paßt gut zu dem im friesischen Stil erbauten roten Backsteinhaus mit den blauen Fenstern.

Lattenzäune sind weit verbreitet, und man findet sie eigentlich in jeder Landschaft. Als unbehandelter Holzzaun wirken sie sehr neutral und passen sich Haus und Grundstück gut an. Stehen hinter dem Zaun Stauden und Büsche, fallen sie noch weniger auf. Wenn man diese Zäune mit Farbe verschönern will, sollte man sich vorher Gedanken machen, welche Farbe denn zum Haus paßt. Bei diesem Lattenzaun wurde der Farbton der Fenster und des Dachüberstandes aufgenommen, als Auflockerung die Köpfe zugesägt und weiß gestrichen.
Bei den Abmessungen richtet man sich am besten nach dem Material, das in den Baumärkten und beim Holzhändler als Halbfertigfabrikat zu bekommen ist. Gängig sind 7 cm breite und 85 cm hohe Latten aus 2 cm starkem Holz.

Gleichmäßige Zaunköpfe erreicht man durch das Abkleben mit Kreppband. Die Rundungen schneidet man mit einer Schablone.

Zwei Zaunbretter *werden mit einer Schraubzwinge zusammengedrückt und in einem Zug mit der 40-mm-Lochsäge gebohrt.*

Die Zaunspitzen *lassen sich auf der Kappsäge mit Anschlag schnell und vor allen Dingen gleichmäßig zuschneiden.*

Mit Kapp- und Lochsäge

Die Querhölzer, auf denen die senkrechten Latten befestigt werden, sind mit 3 cm etwas stabiler. Normalerweise werden die Latten auf die Querriegel genagelt oder geschraubt. Hier wurde von hinten geschraubt, damit die Schraubköpfe in der Frontansicht nicht zu sehen sind. 4,5 cm Abstand liegt zwischen den Latten. Besonders viel zu tragen haben die Zaunpfähle, die 10 × 10 cm stark sind und 85 cm tief in das Erdreich eingegraben werden müssen. Die Zaunpfähle werden oben schräg abgeschnitten, die Schnittstelle wird mit einem Brett abgedeckt, damit keine Feuchtigkeit ins Holz ziehen kann. Aus diesem Grund sind auch die Latten eines Zauns oben niemals rechtwinklig, sondern leicht abgeschrägt. Der Anstrich erfolgt natürlich mit wetterfester Farbe, die für Außenanstriche geeignet ist.
Durch einen anderen Anstrich oder eine andere Form des Lattenkopfes kann man dem aus vorgefertigten Latten gebauten Zaun ein ganz anderes Aussehen geben. Nur zum Haus sollte er passen.

Die Querhölzer *schraubt man mit 40 cm Abstand auf die Zaunlatten. Die Latten liegen dabei ausgerichtet auf dem Boden.*

Die blaue Farbe *wird zuerst auf den gesamten Zaun aufgetragen, nachher werden die Zaunköpfe weiß aufgemalt.*

Ein Gartentor

Man sieht, warum die Torbänder bei diesem Tor besonders stabil sein müssen.

mit Pergola für die Auffahrt

Noch ist die Pergola unberankt. Wenn Rosen und Klematis blühen, wird man die viele Arbeit an dem Tor schon vergessen haben.

Sehr fachmännisch gebaut wirkt dieses Tor durch die beiden sauber gearbeiteten Bögen auf den Flügeln. Und doch ist es mit normalen Heimwerkerwerkzeugen leicht nachzubauen. Die Einzelteile sind Elemente eines Gartenholzprogramms, das in den Dimensionen auf den Selbstbau abgestimmt ist. Selbst die Kanten der Einzelteile sind angefast, so daß allenfalls an den Anschnitten nachgeschliffen werden muß. Die Druckimprägnierung sorgt außerdem dafür, daß selbst an den Schnittstellen eine Oberflächenbehandlung unterbleiben kann. Steht das Bauwerk erst einmal, hat man keine Arbeit mehr damit, vom Ölen der Bänder und Riegel abgesehen. Man kann druckimprägniertes Holz auch farbig streichen. Die Imprägnierung schlägt nicht durch, wenn man mit einer Öllasur streicht. Alle 3 bis 4 Jahre ist der Anstrich aber zu erneuern.

Die Scharniere am oberen Torende geben den großen Torflügeln zusätzlichen Halt. Das Tor kann nicht in den Angeln hängen.

Die Flügelbreite *von 1,35 m macht wegen der Hebelwirkung lange Torbänder notwendig. Sie werden durch den Rahmen verschraubt.*

Die Gartentorfalle *hält dieses Tor geschlossen. Sie wird von innen mit Spaxschrauben an den beiden Flügeln verschraubt.*

Der Bodenriegel *greift in das Pflaster und setzt das Tor am Boden fest. Beim geöffneten Tor verhindert er das ungewollte Zufallen.*

Torgitter als Fertigteile

Bevor man den Bauplan für das Gartentor entwirft, sollte man sich über die üblichen Abmessungen der verschiedenen Holzprogramme informieren. Wird das Tor wie hier frei aufgestellt, ist man in den Abmessungen flexibel und erspart sich Zuschnittarbeiten und unnötigen Verschnitt. Den Torrahmen bildet eine Pergola. Bei dem 3 m überspannenden Sattelbalken mußte allerdings ein stärkeres Material gewählt werden. Die Maße des Balkens sind 4,5 × 14,5 cm. Pfosten, Reiter und Diagonalstreben sind wieder Fertigteile. Die Rahmen der Tore wurden aus Bodenhölzern zusammengesetzt, die zu diesem Zweck mit der Kreissäge aufgetrennt wurden. Beim Zusammensetzen der Rahmen müssen die rechten Winkel stimmen. Die Gitter der Rahmenfüllungen werden in einer großen Tafel fertig geliefert, aus der die beiden Segmente herausgeschnitten werden. Die Anschlußstücke zur Grundstückeinfriedung links und rechts vom Tor wurden aus den Resten gebaut. Alle Metallbeschläge und Schrauben sind rostfrei.

Die Überblattungen *werden an beiden Teilen in einem Arbeitsgang gesägt. Zuerst sägt man die Stirnseite, dann die Querschnitte.*

langen Torbändern aufgehängt.

Die Eckverbindungen müssen gut passen. Eine Verbindung aus Leim und zwei diagonal gesetzten Spaxschrauben macht sie stabil.

Die T-Verbindung in der Mitte des Rahmens wird nach dem Anreißen eingesägt und mit dem Stechbeitel ausgestemmt.

Torbänder sitzen genau an der Stelle der T-Verbindung. Man befestigt sie mit durch den Rahmen gesteckten Schloßschrauben.

Das Gitter der Rahmenfüllung ist in sich stabil und versteift den Rahmen zusätzlich. Hier reichen zur Befestigung Spaxschrauben.

Die Bogenlatten sind unsichtbar durch Holzdübel mit dem Torrahmen verbunden. Genaues Anzeichnen der Bohrungen ist hier wichtig.

Eine Pappschablone dient beim Zuschneiden der Bogenlatte als Vorlage. Der Bogen wird mit der Stichsäge aus einem Brett geschnitten.

Gartenpforte und

Doppeltor auf Maß gebaut

Fußgänger und Radfahrer haben ihren eigenen Eingang in den Garten.

Wenn die Abmessungen für Tor und Pforte vorgegeben sind, hilft eine individuelle Lösung. Preiswert wird sie durch den Eigenbau.

Fertige Tore und Pforten gibt es in vielen Formen und Abmessungen. Wenn man trotzdem mit den Maßen zwischen den Pfeilern nicht hinkommt, stehen Sondermaße zur Verfügung, die aber leicht das Doppelte kosten können. Um so sinnvoller wird ein Eigenbau. Das Material dazu nimmt man am besten aus einem Gartenholzprogramm. Rotzeder und Lärche haben einen natürlichen Schutz gegen Fäulnis, bei Kiefernholz wird dieser Schutz durch eine Druckimprägnierung erreicht. Kiefer ist die preiswerteste Lösung, und für die wurde sich hier entschieden. Das Holz gibt es in unterschiedlichen Abmessungen. Bei diesen Toren werden einige Zuschnitte nötig sein, denn die beiden Flügel und auch die Pforte bestehen aus drei Schichten. Das Arbeiten mit Schichten hat den Vorteil, daß die für den Laien schwierigen Verzapfungen entfallen.
Die Tore sind also wesentlich einfacher herzustellen.

Aus den Resten hat Papa den Roller gebaut.

Alle Schnittkanten *sollte man mit dem Bandschleifer oder Hobel anfasen, damit sie zu den Kanten der Fertigteile passen, die angefast geliefert werden.*

Arbeiten in drei Schichten

Die beiden Außenlagen bestehen aus 2 cm starken und 17 cm breiten Brettern, die Innenlage und die Felder sind 3,4 cm dick und 12 cm breit. Aus der Differenz der Brettbreite ergibt sich der Falz, in den die senkrechten Bretter eingelegt werden. An der Unterkante der Torelemente werden Distanzklötze in die Zwischenräume geleimt, damit sich dort nicht Wasser und Schmutz ansammeln. Die Diagonalstreifen zwischen den äußeren Rahmen sind für die Stabilität des Tors notwendig, es würde sich sonst verziehen. Sie werden innen und außen so auf die senkrechten Bretter geschraubt, daß sie ein Kreuz bilden. Die schmale Gartenpforte kommt ohne diese Verstrebungen aus.

Die Bretter *für den Rahmen werden an den Ecken überlappend mit jeweils vier Spaxschrauben verbunden. Vorher wird wasserfester Leim auf die Verbindungen gegeben.*

Die Zaunfelder *bestehen aus senkrechten Brettern. Die Rahmenteile der Mittellage sind schmaler zugesägt. Die Bretter passen in den dadurch entstehenden Falz.*

pflegeleicht und einfach zu verarbeiten.

***Die Torbänder** werden mit der Oberfräse in die Bretter der Mittellage eingelassen. Dadurch sind sie nicht mehr zu sehen, wenn die Abdeckbretter aufgesetzt werden.*

***Schloßschrauben,** die durch alle drei Lagen gesteckt werden, geben dem Tor den nötigen Halt. Die Verschraubung mit Spaxschrauben würde in diesem Fall nicht ausreichen.*

***Eine Abschlußleiste** deckt die drei Lagen ab. Mit einem Hohlkehlfräser wurden die Kanten verschönert. Statt zu schrauben, kann man an dieser Stelle auch verdeckt dübeln.*

***Die Beschläge** sind sinnvollerweise aus rostfreiem Material. Das Holz ist druckimprägniert und langlebig. Im Außenbereich wird immer mit wasserfestem Leim gearbeitet.*

Abgeschirmt vor fremden

Sehr luftig wirkt dieser Zaun durch die schräggestellten Latten. Trotzdem bietet er Sichtschutz.

Blicken – Sichtschutzzäune

Je kleiner das Grundstück, desto wichtiger wird es, durch Sichtblenden eine geschützte Ruhezone im Garten zu schaffen.

Das Verhältnis zu den Nachbarn mag noch so gut sein, von Zeit zu Zeit zieht sich jeder gern in seinen eigenen Bereich zurück. Gerade wenn die Grundstücke klein sind, ist eine Sichtblende angebracht. Andererseits soll dieser Sichtschutz aber nicht wie eine dichte Mauer wirken, die das Grundstück optisch noch kleiner machen würde. Sichtschutzwände sollen also aufgelockert sein und sich in die Umgebung des Hauses einfügen. Mit einer geschickten Gestaltung kann der Garten sogar verschönert und gegliedert werden. Außerdem sollte sich die Anlage auch dem Nachbarn von ihrer besten Seite zeigen. Nur so läßt sich beides vereinen, ungestörte Privatsphäre und gute Nachbarschaft. Sowohl die selbst konstruierte und gebaute Blende als auch die fertigen Zäune, die hier vorgestellt werden, haben zwei schöne Seiten.

Der Winkel von 45° wird auch auf den Zaunlatten eingehalten. An dieser Linie werden die Distanzklötze verschraubt.

Die Distanzklötze werden einzeln mit versenkten Schrauben auf den Latten befestigt. Dadurch entsteht die Zaunjalousie.

Winkelschnitte sind nötig, um für die Zaunlatten die Zwischenklötze im Winkel von 45° und in gleicher Länge zuzuschneiden.

Ein Querriegel, auf der Rückseite angebracht, wird mit den einzelnen Latten und den Pfosten verschraubt und wirkt stabilisierend.

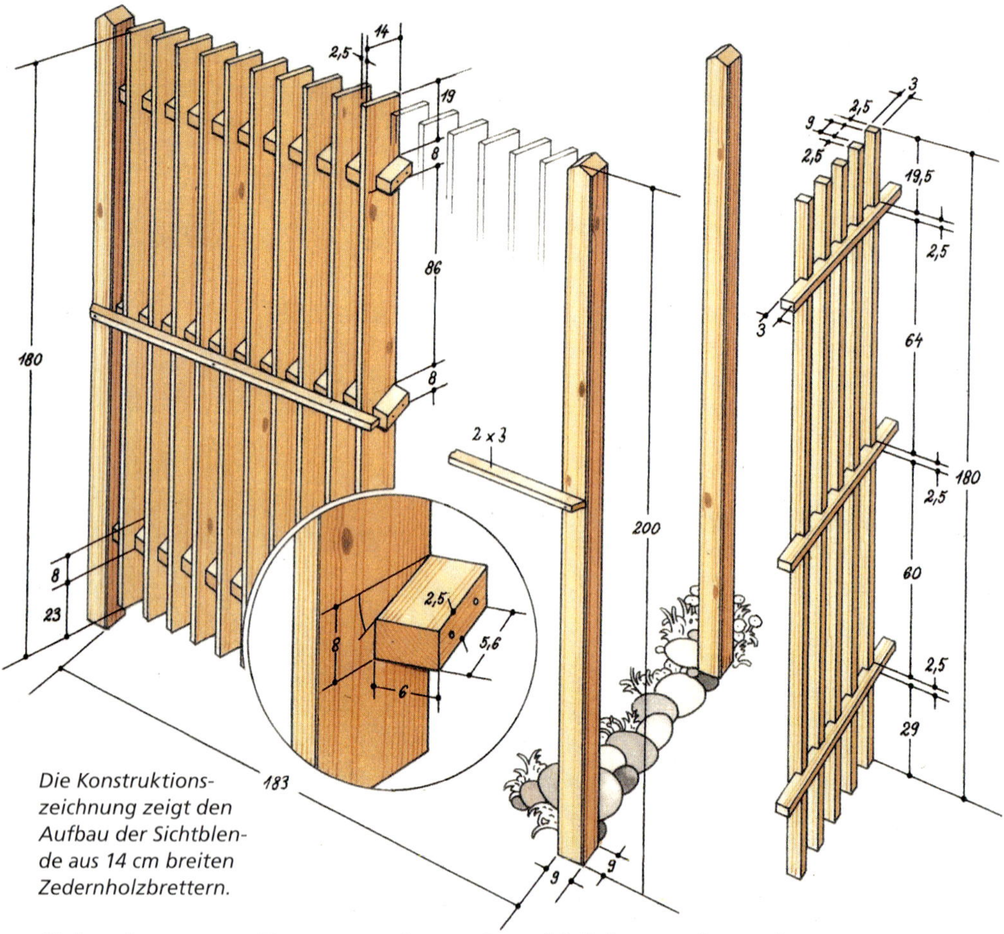

Die Konstruktionszeichnung zeigt den Aufbau der Sichtblende aus 14 cm breiten Zedernholzbrettern.

Sichtschutz zum Terrassenplatz – Durchblick von der Seite

Aus einem Gartenholzprogramm aus Zeder wird der gesamte Zaun gebaut. Das hat den Vorteil, daß das Holz nie behandelt werden muß, Zedernholz schützt sich selbst. Gerade in den berankten Bereichen der Zwischenfelder wäre eine spätere Erneuerung des Anstrichs fast unmöglich. Der selbstgebaute Zaun wird im Zickzack aufgestellt. Den eigentlichen Sichtschutz bilden Felder, die aus 14 cm breiten Bodenhölzern lamellenartig einzeln zusammengebaut werden. Durch die Schrägstellung ist man zwar auf der Terrasse geschützt, seitlich kann man aber durch den Zaun hindurchsehen. Die Pflanzen im Zaunbereich bekommen ausreichend Licht, und im Sommer ist ein leichter Luftzug auf der Terrasse sehr angenehm. Im rechten Winkel zu diesen Lamellenfeldern schaffen unterschiedlich breite Zwischenfelder aus Latten und Querriegeln eine Verbindung zwischen den einzelnen Elementen. An diesen offenen Zwischenfeldern können Efeu und Klematis ranken und Pflanzenbehälter aufgehängt werden, so daß große Teile des Zauns bald begrünt sind und sich harmonisch in den Garten einfügen.

Die Zaunelemente *sind abwechselnd geschlossen und durchbrochen. Dadurch und durch die unterschiedliche Farbgestaltung wirkt die lange Fläche aufgelockert.*

Das Gitterwerk *im oberen Teil des Zauns wird für die Pflanzen zum Rankgerüst und nimmt dem Sichtschutz den Charakter einer geschlossenen Wand.*

Als Sichtblende *für die Terrasse wurde dieser Zaun aus druckimprägniertem Kiefernholz weiß gestrichen. Die Farbe auf Ölbasis zieht in die Oberfläche ein und erhält die Struktur.*

Rankgerüste *und versetzt aufgestellte geschlossene Elemente wechseln bei diesem Zedernholzzaun ab. Dadurch entstehen dekorative Nischen zur Terrasse und zum Garten.*

Stichwortregister

Fotografen: Arbeitsgemeinschaft Pflasterklinker, Seite 24–25; Ariadne Ahrens, Seite 74–77, 110–112; Borstell, Seite 14; Jens Fischer, Seite 82–87; Jörg Jochmann, Seite 7, 56–61; René Lauert, Seite 8–9, 32–33; Marco Moog, Seite 10, 18–23, 34–39, 122–123; OSMO, Seite 7, 102–103, 125; Freddy Perterburs, Seite 85–87, 104–109, 118–121; Rateike, Seite 14; G. P. Reichelt, Seite 88–93, 114–115, 117; Jochen Staben, Seite 98–101, 115–116; Petra Stange, Seite 11, 17, 26–31, 46–55, 68–73, 78–80, 94; Stein + Design, Seite 6–7, 10, 12, 16; Gerhard Weber, Seite 13; Frank Willhöft, Seite 40–45, 62–66; 1001 Lüghausen, Seite 48.
Zeichnungen: Horst Gebhardt, Seite 124; Jochen Pape, Seite 20–21, 100; Tillmann Straszburger, Seite 12–13.

SelberMachen zum Besteller

Mit jedem Heft bekommen Sie wertvolle Tipps, Informationen und Anleitungen für alle was Sie in Wohnung, Haus und Garten ganz einfach und erfolgreich selbermachen könne

11/02

12/02

1/03

2/03

3/03

4/03

5/03

6/03

7/03

8/03

9/03

10/03

Bestell-Hotline:

(0 40) 87 97 35 40

Alle bisher erschienenen Ausgaben von SelberMachen sind noch in begrenzter Stückzahl verfügbar. Jedes Heft kostet 2,70 Euro plus 2 Euro für Porto und Verpackung. Bestellen Sie unter: **Tel. (0 40) 87 97 35 40 oder per e-Mail: leserservice@jalag.de**

DIY selber machen

Erfolgserlebnis inklus